VOCABULARIO DE LA CARNE

(Español-Inglés)

Recopilación de más de 1.300 términos acerca de la alimentación basada en la carne. Incluye vocabulario sobre carne porcina, vacuna, ovina, aves, caza, vísceras o embutidos, así como todo tipo de insectos y animales exóticos que se comen en algunos países. Además, este glosario contiene terminología variada que está relacionada con estos alimentos como, por ejemplo, la forma de cocinarlos o los platos más típicos que se pueden degustar con las diferentes de carnes en distintas partes del mundo.

MEAT VOCABULARY

(English-Spanish)

Compilation of more than 1,300 terms about meat-based foods. It includes vocabulary about pork, beef, sheep, poultry, game, offal or sausages, as well as all kinds of insects and exotic animals that are eaten in some countries. In addition, this glossary contains miscellaneous terminology related to these foods, for example vocabulary about how to cook them or the most typical dishes that are prepared with the different types of meat around the world.

VOCABULARIO DE LA CARNE (ESP-ING) / MEAT VOCABULARY (ENG-SPA)

PARTE I: ESPAÑOL-INGLÉS

A 

A la barbacoa: Barbecued (grilled on the barbecue)

A la boloñesa (salsa con carne picada, tomate, cebolla y hierbas): Alla bolognese (bolognese sauce, with ground meat, tomato, onion and herbs)

A la parrilla: Grilled (broiled, on the grill)

A la plancha: Griddled (grilled, cooked on a warm metal plank)

A la piedra (a la losa): On a hot stone

Abeja: Bee

Ablandado/a: Tenderized (softened)

Ablandador (espalmador, mazo de carne): Meat pounder (meat tenderiser, meat mallet)

Ablandador de carne: Meat tenderiser

Ablandador de carne en polvo: Meat tenderiser powder

Ablandar: To tenderize (to soften)

Abstinencia (de la carne): Abstinence (from meat)

Agachadiza: Snipe

Aguja de ternera (filete de pobre): Chuck steak

Aguja para aves: Poultry needle (trussing needle)

Aguja para carne: Meat needle

Aguja para mechar (mechadora): Larding needle

Aguja tenderizadora de carne: Meat tenderiser needle

Ahumadero: Meat house (smokehouse)

Al punto (en su punto): Medium rare

Ala (alón, alita): Wing (winglet)

Ala de pollo: Chicken wing

Alas de pollo empanadas: Breaded chicken wings

Albóndiga: Meatball (dumpling, ball)

Albóndigas a la jardinera: Meatballs with mixed vegetables

Albóndigas con salsa: Meatballs with sauce

Albóndigas rellenas: Stuffed meatballs

Albondiguillas (bolas de masa hervida): Dumplings

Albondiguillas de hígado: Liver dumplings

Alce (ante): Elk (moose)

Alita de pollo: Chicken wing

Alitas búfalo (alitas de pollo picantes): Buffalo wings

Alondra: Lark

Ánade (pato): Duck

Ánade real (azulón): Mallard

Anca: Leg (haunch, rump)

Anca de rana: Frog's leg

Ancas de rana a la provenzal: Provençale frog's legs

Ancas de rana con ajo y perejil: Frog's legs with garlic and parsley

Ancas de rana fritas: Fried frog's legs

Andouillette (embutido de callos): Andouillette (tripe sausage)

Animales de caza: Game (animals hunted for their food)

Animales de granja: Farm animals

Ante (alce): Moose (elk)

Antílope: Antelope

Añal (animal de un año): Yearling

Añojo: Yearling calf

Araña: Spider

Araña frita: Fried spider

Arrachera (corte de carne mexicano): Arrachera steak (skirt steak)

Arrollado (carne enrollada, roulade): Meat roll (roulade)

Asado: Roast (barbecue)

Asado/a: Roast (roasted, baked)

Asado/a a la leña: Roasted over wood fire (wood-roasted)

Asado/a al horno: Oven-roasted

Asado de carne picada (pastel de carne): Meatloaf

Asado de cerdo: Pork roast

Asado de tira: Crosscut ribs (short ribs)

Asador (churrasquería, grill): Steakhouse (chophouse)

Asador (espetón, espeto, pincho): Spit (spike for roasting)

Asador de pollos: Chicken rotisserie

Asadura (pulmones, despojos): Offal (lungs, innards)

Asadura de cordero (asadurilla de cordero): Lamb pluck (lungs, heart, liver)

Asadura de pollo: Chicken innards

Astilla: Splinter

Atar un pollo: To truss a chicken (to tie a chicken)

Ave (pájaro): Bird

Ave rapaz (ave de presa, ave de rapiña): Bird of prey

Avefría: Peewit (lapwing)

Aves (volatería): Poultry

Aves de Bresse: Bresse poultry

Avestruz: Ostrich

Avicultura (cría de aves): Poultry farming

Azulón (ánade real): Mallard

B

Babilla (redondo): Flank steak

Bacon (beicon, bacón, panceta, tocino): Bacon

Bacon ahumado: Smoked bacon

Bacon crujiente: Crispy bacon

Ballotine (balotina, muslo de ave deshuesado y relleno): Ballotine (boned and stuffed poultry thigh or leg)

Ballotine de pollo: Chicken ballotine

Bandeja para asar: Roaster (pan for roasting)

Barbacoa: Barbecue (barbeque)

Barbacoa (parrilla): Barbecue grill

Barbacoa a gas: Gas barbecue

Barbacoa de carbón: Charcoal barbecue

Barbacoa eléctrica: Electric barbecue

Barbacoa portátil: Portable barbecue grill

Barón de cordero (silla y las dos piernas del cordero): Baron of lamb (saddle and both legs of lamb)

Bartavela (perdiz griega): Rock partridge

Bavette (babilla, redondo): Bavette (flank steak)

Bavette de buey: Beef bavette

Bazo: Spleen

Bazo de cordero: Lamb spleen

Becada (chocha, chochaperdiz, pitorra): Woodcock

Becada asada: Roast woodcock

Becada flameada: Woodcock flambé

Becafigo (papafigo): Beccafico

Becerro (ternero/a): Calf (veal)

Berenjenas rellenas de carne: Stuffed aubergines with minced meat

Bife (bistec, filete): Beefsteak (steak)

Bife ancho: Rib-eye steaks

Bife angosto: Strip loin steaks

Bife de chorizo: Bife de chorizo (Argentinian sirloin steak)

Bife de costilla: T-bone steaks

Bisonte: Bison

Bistec (bisté): Steak (beefsteak)

Bistec a caballo (con huevo frito): Steak with fried egg

Bistec a la pimienta: Pepper steak

Bistec a la plancha: Grilled steak

Bistec a la rusa: Hamburger steak

Bistec con guarnición: Steak with garnish

Bistec con patatas fritas: Pepper with French fries

Bistec de avestruz: Ostrich steak

Bistec de carne picada: Minced steak

Bistec de ternera: Veal steak

Bistec de ternera a la brasa: Charcoal-broiled veal steak

Bistec de ternera al Roquefort: Veal steak with Roquefor cheese

Bistec delgado hecho vuelta y vuelta: Minute steak

Bistec tártaro (steak tartar): Tartar steak

Bitoque (bistec de carne picada): Bitok (hashed steak)

Blanqueta (blanquette, guiso con salsa blanca): Blanquette (white stew)

Blanqueta de pavo: Turkey blanquette

Blanqueta de pollo: Turkey blanquette

Blanqueta de ternera: Veal blanquette

Bolas de masa hervida (albondiguillas): Dumplings

Bolitas de pollo: Chicken balls

Bollo preñao (panecillo relleno de chorizo): Chorizo-stuffed bread roll

Bomba (bola de patata rellena de carne picada): Bomb (potato ball stuffed with minced meat)

Bonasa (ganga): Hazel-hen

Botifarra (butifarra): Botifarra (Catalan pork sausage)

Bóvido (mamífero rumiante): Bovid (ruminant mammal)

Brocheta (pincho): Brochette (skewer)

Brochetas de cerdo: Pork skewers

Brochetas de cordero: Lamb skewers

Brochetas de pollo: Chicken skewers

Brochetas de ternera: Veal skewers

Budín de bistec y riñones: Steak and kidney pudding

Buey: Beef (ox)

Buey a la moda: Beef à la mode (beef pot roast)

Buey de Kobe: Kobe beef

Buey estofado: Braised beef

Buey Strogonoff: Beef Stroganoff

Buey Wellington: Beef Wellington

Búfalo: Buffalo

Bulgogi ("carne de fuego", plato típico coreano): Bulgogi ("fire meat", typical Korean dish)

Buñuelos de pollo: Chicken fritters

Burguer (hamburguesería): Burger bar

Butifarra: Catalan pork sausage

Butifarra a la brasa: Charcoal-broiled Catalan pork sausage

Butifarra con alubias: Catalan pork sausage with white beans

Butifarra blanca: White pork sausage

Butifarra de huevo: Egg sausage

Butifarra de perol: Perol pork sausage (cooked in a pot)

Butifarra dulce: Sweet sausage

Butifarra negra: Black pork sausage

C

Caballo: Horse

Cabeza: Head

Cabeza de cerdo: Pork head

Cabeza de cordero: Lamb head

Cabeza de cordero a la brasa: Charcoal-broiled lamb head

Cabeza de lomo (carne del cuello): Pork collar

Cabeza de ternera: Calf's head

Cabra: Goat

Cabrito: Kid (young goat)

Cabrito a la brasa: Charcoal-broiled kid

Cabrito a la milanesa: Milanese kid

Cabrito al asador: Spit-roasted kid

Cabrito al horno: Oven-roasted kid

Cabrito asado: Roast kid

Cabrito lechal: Suckling kid

Cacerola (cazuela): Saucepan (casserole)

Cachopo (dos filetes de ternera con un relleno de queso y jamón serrano, rebozados y fritos): Cachopo (two large veal fillets with ham and cheese, breaded and fried)

Cadera (cuarto trasero, rabadilla): Rump

Caimán (yacaré): Caiman (alligator)

Calabacines rellenos de carne: Stuffed courgettes with minced meat

Caldo de carne: Meat stock (meat broth)

Caldo de gallina: Henbroth (chicken stock)

Caldo de pollo: Chicken stock

Caldo de res (caldo de carne, consomé de res): Beef bouillon (beef tea)

Callos: Tripe

Callos a la madrileña (con chorizo, morcilla y garbanzos): Madrid-style tripe (with chorizo, black pudding and chickpeas)

Callos al estilo de Caen: Caen tripe (baked tripe with Calvados)

Callos con garbanzos: Tripe with chickpeas

Callos de cerdo: Pork tripe

Callos de ternera: Veal tripe

Canelones de carne: Meat cannelloni

Canguro: Kangaroo

Caña de cordero: Lamb shank

Caña de lomo (lomo de cerdo): Pork loin

Caña de lomo (lomo embuchado): Cured pork loin sausage

Cap-i-pota (cabeza y pierna de cerdo/ternera): Cap-i-pota (veal/pork leg and head meat)

Capón (pularda): Capon (poulard)

Capón asado: Roast capon

Capón relleno: Stuffed capon

Caracol: Snail

Caracolera: Snail storage basket

Caracoles a la "llauna" (cargolada): Snails "a la llauna" (snails cooked on a tin pan)

Caracoles con salsa: Snails with sauce

Caza mayor: Big game

Caza menor: Small game

Cazador/a: Hunter

Cazuela (cacerola): Saucepan (casserole)

Cebado/a: Fattened (fattened up)

Cebar (engordar): To fatten (to fatten up)

Cecina (carne seca salada): Cured meat (salted meat)

Cepillo para parrilla: Grill brush

Cerceta: Teal

Cerceta asada: Roast teal

Cerdo: Pig (pork)

Cerdo agridulce: Pork in sweet-and-sour sauce

Cerdo ahumado: Smoked pork

Cerdo al horno: Oven-roasted pork

Cerdo asado: Roast pork

Cerdo desmechado: Pulled pork

Chacina (cecina): Seasoned meat (cured meat, cold meats)

Chacinería (tienda en que se vende chacina): Pork butcher's shop

Chapulín (saltamontes): Grasshopper

Chapulines fritos: Fried grasshoppers

Charcutería (embutidos): Charcuterie (cooked pork products, deli food)

Charcutería (tienda): Charcuterie (pork butcher's shop)

Chateaubriand (filete chateaubriand): Chateaubriand (chateaubriand steak)

Chicha (carne): Meat

Chicharrones: Cracklings (crisp pork rinds)

Chile con carne: Chili con carne (meat, beans, chili peppers)

Chinchulines: Chitterlings (chitlins)

Chipolata (salchicha fresca): Chipolata (fresh sausage)

Chistorra: Chistorra (Spanish fast-cured sausage)

Chivo/a: Young goat (kid)

Chocha (chochaperdiz, becada, pitorra): Woodcock

Choricitos: Small chorizo sausages

Chorizo: Chorizo sausage (paprika salami sausage)

Chorizo criollo: Creole chorizo sausage

Chorizo parrillero: Barbecue chorizo sausage

Chorizo picante: Spicy chorizo sausage

Chuleta: Chop (cutlet)

Chuleta de cerdo: Pork chop (pork cutlet)

Chuleta de cerdo a la brasa: Charcoil-broiled pork chop

Chuleta de cerdo a la plancha: Grilled pork chop

Chuleta de cerdo al horno: Oven-roasted pork chop

Chuleta de cerdo empanada: Breaded pork chop

Chuleta de ternera: Veal chop (veal cutlet)

Chuleta de ternera a la milanesa: Milanese veal chop

Chuleta de ternera lechal: Suckling-veal chop

Chuletas de cabrito: Kid chops

Chuletas de cabrito empanadas: Breaded kid chops

Chuletas de cordero: Lamb chops

Chuletas de cordero a la brasa: Charcoal-broiled lamb chops

Chuletas de cordero a la parrilla: Grilled lamb chops

Chuletas de jabalí: Wild boar chops

Chuletón: Rib steak (T-bone steak, porterhouse steak)

Chuletón con hueso (bife con lomo, T-bone): T-bone

Chuletón de buey: Beef rib steak

Chuletón de ternera: Veal rib steak

Chuletón de ternera al gusto: Veal rib steak prepared to your liking

Churrasco (carne asada a la parrilla o a la barbacoa): Churrasco (barbecued steak, seven steak)

Churrasco a la salsa criolla: Churrasco with creole sauce

Churrasco a las hierbas: Churrasco with herbs

Churrasquera: Churrasco grill

Churrasquería (asador, grill): Steakhouse (chophouse)

Ciervo (venado): Deer (venison)

Ciervo a la parrilla: Grilled venison

Ciervo estofado: Stewed venison

Cisne: Swan

Civet (guiso de carne de caza): Civet (jugged/stewed game meat)

Civet de ciervo: Jugged venison

Civet de jabalí: Jugged wild boar

Civet de liebre: Jugged hare

Cochinillo (lechón, gorrín): Piglet (suckling pig)

Cochinillo al horno: Oven-roasted suckling pig

Cochinillo asado (tostón): Roast suckling pig

Cochinillo entero: Whole suckling pig

Cochinillo lacado: Lacquered suckling pig

Cochinillo relleno: Stuffed suckling pig

Cocido (carne del cocido): Mixed boiled meat

Cocodrilo: Crocodile

Codillo: Knuckle (hock)

Codillo con chucruta: Salted knuckle of pork with sauerkraut

Codillo de cerdo: Knuckle of pork (ham hock)

Codornices "Suvarov" (rellenas de foie gras y trufas): Quails "Suvorov" (stuffed with foie gras and truffles)

Codornices a la brasa: Charcoal-broiled quails

Codornices a la cazuela: Quails in casserole

Codornices a la parrilla: Grilled quails

Codornices a la vinagreta: Quails in vinaigrette

Codornices en escabeche: Marinated quails

Codornices rellenas: Stuffed quails

Codorniz: Quail

Codorniz entera: Whole quail

Cola (rabo): Tail

Colita de cuadril: Tail of rump (tri-tip, sirloin button)

Comida sin carne: Meatless meal

Conejo: Rabbit

Conejo a la brasa: Charcoal-broiled rabbit

Conejo a la cazadora: Rabbit in hunter's style

Conejo a la parrilla: Grilled rabbit

Conejo al ajillo: Garlic rabbit

Conejo con alioli: Rabbit with aïoli sauce

Conejo con caracoles: Rabbit with snails

Conejo con setas: Rabbit with mushrooms

Conejo de bosque (conejo de monte, conejo silvestre): Wild rabbit

Conejo deshuesado: Boned rabbit

Conejo en escabeche (conejo escabechado): Pickled rabbit

Conejo frito: Fried rabbit

Conejo guisado: Stewed rabbit

Conejo marinado: Marinated rabbit

Conejo relleno: Stuffed rabbit

Confit de oca: Confit of goose

Confit de pato: Confit of duck (duck confit)

Confit de pato con salsa de naranja: Confit of duck with orange sauce

Consomé de rabo de buey: Oxtail consommé

Consomé de res (caldo de carne): Beef bouillon (beef tea)

Consumidor/a de carne (carnívoro/a): Meat-eater (carnivore)

Contrafilete: Sirloin steak

Contramuslo: Thigh

Contramuslo de pollo: Chicken thigh

Corazón: Heart

Corazón de ternera: Calf's heart

Corazones de cordero: Lamb hearts

Corazones de cordero estofados: Braised lamb hearts

Corazones de pollo: Chicken hearts

Cordero: Lamb

Cordero a la brasa: Charcoal-broiled lamb

Cordero a la parrilla: Grilled lamb

Cordero al chilindrón: Lamb "chilindrón" (with tomatoes and peppers)

Cordero al horno: Oven-roasted lamb

Cordero ecológico: Organic lamb

Cordero entero: Whole lamb

Cordero lechal (lechazo): Suckling lamb (baby lamb)

Cordero lechal asado: Roast suckling lamb

Cordon Bleu (filetitos rellenos de jamón y queso): Cordon Bleu (thin fillets filled with cheese and ham)

Cordon Bleu de pollo: Chicken Cordon Bleu

Corned beef (carne de vacuno en conserva): Corned beef

Corned beef (carne de vacuno en conserva)

Corona de costillas asadas: Crown roast

Corral: Farmyard (poultry yard)

Cortador de jamón: Ham carver (master slicer)

Cortadora de jamón: Ham slicer machine

Cortezas de cerdo: Pork rinds

Cortafiambres (cortadora de fiambres): Slicing machine (slicer)

Cortes de carne: Meat cuts

Cortes de ternera: Veal cuts

Corzo: Roe deer (venison)

Corzo asado: Roast venison

Corzo guisado: Venison ragout

Costilla: Rib (chop, sparerib)

Costilla de cerdo: Pork rib (pork chop)

Costillar (carré): Rack (carré)

Costillar de cabrito: Rack of kid

Costillar de cerdo: Rack of pork

Costillar de cordero: Rack of lamb

Costillar de cordero lechal: Rack of baby lamb

Costillar de jabalí: Rack of wild boar

Costillar de ternera: Rack of veal

Costillar para asar: Rib roast (standing rib roast)

Costillas carnosas: Meaty ribs

Costillas de cerdo: Pork ribs

Costillas de cordero: Lamb ribs (lamb chops)

Costillitas: Ribs (riblets)

Costillitas de cabrito: Suckling-lamb ribs

Costillitas de lechal: Suckling-lamb ribs

Coto de caza: Hunting ground

Crepina (crepineta, redaño, velo, manto, mantellina): Crépine (fat netting, caul fat)

Crepineta (crépinette, salchicha plana): Crépinette (flattened sausage, sausage parcel)

Cresta de gallo: Cockscomb

Cría (crianza): Breeding

Cría de ganado: Stockbreeding

Criadillas: Testicles (rocky mountain oysters, prairie oysters)

Croadillas de cerdo: Pig testicles

Criadillas de cordero: Lamb testicles (lamb fries)

Criadillas de ternera: Veal testicles

Criadillas de toro: Bull testicles

Crianza (cría): Breeding

Crianza de cerdos: Pig breeding

Criollo/a: Creole

Croquetas: Croquettes

Croquetas de jamón: Ham croquettes

Croquetas de pollo: Chicken croquettes

Cuarto de cordero lechal: Quarter of suckling lamb

Cuarto de pollo: Quarter of chicken

Cuarto trasero (cadera, rabadilla): Hindquarter (rump)

Cuchilla de carnicero (cuchilla para picar): Cleaver (butcher's knife)

Cuchillo deshuesador: Boning knife

Cuchillo filetero (cuchillo para filetear): Filleting knife

Cuchillo jamonero: Ham slicing knife

Cuchillo para la carne: Steak knife (meat course knife)

Cuchillo para trinchar (trinchante): Carving knife

Cuello: Neck

Culata de contra (jarrete): Silverside (knuckle)

Curry de pollo: Chicken curry

D

Dedos de pollo (tiras de pollo, palitos de pollo): Chicken fingers

Deshuesado/a: Boned (deboned)

Deshuesador: Meat boner

Deshuesar: To bone (to debone)

Desolladero (matadero): Slaughterhouse

Desollador/a: Skinner

Desolladura: Skinning

Desollar: To skin

Despiece (de la carne): Dressing (cutting up meat)

Despiezador/a: Meat cutter

Despiezar: To dress (to cut up meat)

Desplumado/a: Plucked

Desplumadora de pollos: Chicken plucker machine

Desplumar (quitar las plumas): To pluck

Día de vigilia: Meatless day

Dieta carnívora: Carnivore diet

Dieta omnívora: Omnivorous diet

Dieta pollotariana: Pollotarian diet

Döner (shawarma, gyros): Döner kebab

E

Embuchar (embutir carne picada): To stuff with minced meat

Embutido/a: Stuffed (packed)

Embutidos: Sausages (cured meats, charcuterie)

Embutidos caseros: Homemade sausages

Embutidos variados: Assorted sausages

Embutir (la carne): To stuff the meat

Emincés (lonchas finas de carne): Emincés (thin slices of meat)

Emincés de ternera Strogonoff: Emincés of veal Stroganoff

Empanada de carne: Meat pie

Empanadas de Cornualles: Cornish pasties

Empaque de productos cárnicos: Meatpacking

Enchiladas de pollo: Chicken enchiladas

Ensartado/a: Skewered

Ensartador: Roasting spit

Ensartar: To skewer (to spit)

Entraña (corte de carne): Skirt steak

Entrañas (vísceras): Entrails (inners, guts)

Entrecot: Entrecote steak (sirloin steak)

Entrecot a la brasa: Charcoal-broiled entrecote steak

Entrecot a la parrilla: Grilled entrecote steak

Entrecot a la pimienta verde: Entrecote steak with green peppercorns

Entrecot a las finas hierbas: Entrecote steak with fine herbs

Entrecot con patatas fritas: Entrecote steak with French fries

Entrecot de buey: Beef entrecote steak

Entrecot de buey a la parrilla: Grilled beef entrecote steak

Entrecot de cochinillo: Suckling pig entrecote steak

Entrecot de ternera: Veal entrecote steak

Entrecot de ternera a la brasa: Charcoal-broiled veal entrecote steak

Entrecot de ternera a la parrilla: Grilled veal entrecote steak

Entrécula (arrachera, entraña, onglet): Hanger steak (butcher's steak, onglet)

Entreverado/a (veteado/a): Streaky

Envasado de productos cárnicos: Meatpacking

Envasadora de carne: Meat packer

Equipo de carnicería: Butcher equipment

Escalope (escalopa): Escalope (scallop)

Escalope Cordon Bleu: Escalope Cordon Bleu

Escalope a la milanesa: Milanese escalope

Escalope de foie gras: Foie gras escalope

Escalope de cerdo: Pork escalope

Escalope de ternera: Veal escalope

Escalope de ternera empanado: Breaded veal escalope

Escalopines: Scaloppine (scallopini)

Escalopines de ternera: Veal scaloppine

Escorpión: Scorpion

Escorpión frito: Fried scorpion

Espalda (paleta, paletilla): Shoulder

Espalda de cabrito al horno: Oven-roasted shoulder of kid

Espalda de cordero a la brasa: Charcoal-broiled shoulder of lamb

Espalda de lechal al horno: Oven-roasted shoulder of suckling lamb

Espalmador (ablandador, mazo de carne): Meat pounder (meat tenderiser, meat mallet)

Espetón (espeto, pincho, asador): Spit (spike for roasting)

Esqueleto torácico de aves (caparazón): Thoracic skeleton

Estofado de buey: Beef stew

Estofado de corzo: Venison stew

Estofado de ternera: Veal stew

Estofado de toro: Bull stew

Estofado irlandés: Irish stew

Estómago: Stomach

Extracto de carne: Meat extract

F

Fabada asturiana: Asturian fabada (bean and pork stew)

Faisán: Pheasant

Faisán a la cazuela: Casserole of pheasant

Faisán asado: Roast pheasant

Fajita (carne y verduras a tiras sobre una tortilla de maíz): Fajita (strips of meat and vegetables on a corn tortilla)

Falda (pecho, costilla de res): Brisket (breast meat)

Falda de ternera: Veal brisket

Falsa carne (carne vegetal): Fake meat

Fatback (tocino, bacon, panceta): Fatback

Fiambre: Cold cut (cold meat, lunch meat)

Fiambre de pavo: Turkey cold cut

Fiambrera: Lunch box

Filete: Fillet (filet, steak)

Filete crudo: Raw steak

Filete Chateaubriand: Chateaubriand steak

Filete de avestruz: Ostrich fillet

Filete de buey: Beef fillet

Filete de buey a la brasa: Charcoal-broiled beef fillet

Filete de cerdo: Pork fillet

Filete de cerdo con setas: Pork fillet with mushrooms

Filete de pobre (aguja de ternera, lomo de aguja): Chuck steak

Filete de ternera: Veal fillet

Filete de ternera a la parrilla: Grilled veal fillet

Filete hecho: Medium steak

Filete hecho en su punto: Medium rare steak

Filete mignon (punta de solomillo): Filet mignon (smaller end of tenderloin)

Filete mignon con salsa de mostaza: Filet mignon with mustard sauce

Filete muy hecho: Well done steak

Filete poco hecho (vuelta y vuelta): Rare steak

Filete ruso: Salisbury steak

Filete sellado: Blue rare fillet

Filete tártaro (bistec tártaro, steak tartar): Tartar steak

Filetes de pavo: Turkey fillets

Filetes de pollo: Chicken fillets

Firmeza de la carne: Meat firmness

Flamenquín (jamón serrano enrollado con lomo/pollo y empanado): Flamenquín (breaded ham and pork/chicken fillet roll)

Flamenquines de pollo: Chicken flamenquines (breaded chicken fillets)

Foie (foie gras, fuagrás): Foie gras

Foie gras de oca: Goose foie gras

Foie gras de pato: Duck foie gras

Foie micuit: Mi-cuit foie gras

Fondue japonesa (shabu-shabu): Japanese fondue (shabu-shabu)

Fricandó (estofado de ternera con setas): Fricandeau (veal stew with mushrooms)

Fricandó a la jardinera: Fricandeau with mixed vegetables

Fricandó con setas: Fricandeau with mushrooms

Fricandó de ternera: Veal fricandeau

Fricasé (fricassée): Fricassee

Forraje: Fodder (forage)

Fuet: Thin salami sausage

G

Galantina (plato frío de carne picada): Galantine (cold dish of ground meat)

Galantina de pato: Duck galantine

Galantina de pavo: Turkey galantine

Galantina de pollo: Chicken galantine

Gallina: Hen

Gallina de Cornualles: Cornish hen (poussin)

Gallina de Guinea (pintada): Guinea hen (guinea fowl)

Gallina en pepitoria: Hen in fricassee

Gallineta común (polla de agua): Common moorhen (waterhen, swamp chicken)

Gallo: Cock (rooster)

Gallo de corral: Free-range cock (cockerel)

Gallo joven (gallito): Cockerel

Gallo silvestre: Capercaillie

Gamo: Fallow deer

Gamuza (rebeco): Chamois

Ganadería: Livestock farming (cattle raising)

Ganadero/a: Rancher (farmer, stockbreeder)

Ganado: Livestock

Ganado de cría: Breeding stock

Ganado vacuno: Cattle

Gancho de carnicero: Butcher's hook

Ganchos para carne: Meat hooks

Ganga (bonasa): Hazel-hen

Ganso (oca): Goose

Ganso salvaje: Wild goose

Gazapo: Young rabbit

Gigot (pierna de cordero): Gigot (leg of lamb)

Glasa (reducción de fondo de carne o ave): Glaze (reduction of condensed beef or poultry stock)

Grados de cocción de la carne: Degrees of doneness

Granja de animales: Animal farm

Granja avícola (explotación avícola): Poultry farm

Grasa (manteca): Fat (dripping, animal fat)

Grasa de pollo: Chicken fat

Grasa entreverada: Fat marbling (intramuscular fat)

Grill (asador, churrasquería): Steakhouse (chophouse)

Grill (parrilla): Grill (griller, broiler)

Guajolote (pavo): Turkey

Gulash (goulash, gulyás): Goulash (gulyás)

Gusano: Worm

Gusano de tierra: Earthworm

Gusanos de la harina (tenebrios): Mealworms

Gusanos de seda: Silkworms

Gusanos fritos: Fried worms

H

Hacha de carnicero: Butcher's axe

Hacha de cocina: Chopper (cleaver)

Haggis (plato escocés de vísceras de cordero): Haggis (Scottish dish of sheep's offal)

Hamburguesa: Hamburger (burger)

Hamburguesa a la brasa: Charcoal-broiled hamburger

Hamburguesa a la plancha: Grilled hamburger

Hamburguesa Angus: Angus burger

Hamburguesa aplastada: Smashed burger

Hamburguesa con huevo: Egg burger

Hamburguesa con patatas fritas: Hamburger with French fries

Hamburguesa con queso: Cheeseburger

Hamburguesa molecular: Molecular burger

Hamburguesera: Hamburger-maker

Hamburguesería (burguer): Burger bar

Harina de grillo: Cricket flour

Harina de insectos: Insect flour

Hecho/a en casa (casero/a): Homemade

Higadillos (higaditos): Livers

Higadillos de pollo: Chicken livers

Hígado: Liver

Hígado a la veneciana: Venetian-style liver

Hígado de cerdo: Pork liver

Hígado de cerdo con ajo y perejil: Pork liver with garlic and parsley

Hígado de cordero: Lamb liver

Hígado de cordero encebollado: Lamb liver with onions

Hígado de ganso (hígado de oca): Goose liver

Hígado de pato: Duck liver

Hígado de pato con higos: Duck liver with figs

Hígado de pato con peras: Duck liver with pears

Hígado de pato fresco: Fresh duck liver

Hígado de ternera: Calf's liver (veal liver)

Hígado de ternera a la milanesa: Milanese calf's liver

Hígado de ternera a la plancha: Grilled calf's liver

Hígado encebollado: Liver and onions

Hormiga: Ant

Hormigas culonas: Big-bottomed ants

Hormigas fritas: Fried ants

Hot chicken (pollo picante): Hot chicken (Nashville hot chicken)

Hueso: Bone

Hueso de jamón: Ham bone

Hueso de la pechuga: Wishbone

I

Industria cárnica: Meat industry

Insecto: Insect

Insectos comestibles: Edible insects

Intestino: Intestine (gut, bowel)

J

Jabalí: Wild boar

Jabato: Young wild boar

Jamón: Ham

Jamón ahumado: Smoked ham

Jamón canario (jamón asado frío): Canarian ham (cold roast ham)

Jamón cocido: Boiled ham (cooked ham)

Jamón crudo (jamón curado): Raw ham (cured ham, prosciutto)

Jamón de Bayona: Bayonne ham

Jamón de bellota: Bellota ham (from acorn-fed pigs)

Jamón de carnero: Mutton ham

Jamón de Jabugo: Jabugo ham (top quality Iberian ham)

Jamón de Parma: Parma ham

Jamón de Pata Negra: Pata Negra (black leg) top-quality ham

Jamón de pato: Duck ham

Jamón de York (jamón dulce): Cooked ham (boiled ham, York ham)

Jamón del país: Local cured ham (farmer's ham)

Jamón fresco: Gammon

Jamón ibérico: Iberian cured ham (Spanish ham)

Jamón ibérico de bellota: Acorn-fed Iberian ham

Jamón planchado: Pressed ham

Jamón serrano: Serrano ham (cured ham, Spanish ham)

Jamoncitos de pollo (muslos de pollo): Chicken drumsticks

Jamonero: Ham stand

Jamonilla (SPAM): SPAM (hormel spiced ham)

Jarrete (morcillo, zancarrón): Knuckle (shank)

Jarrete de cerdo: Knuckle of pork

Jarrete de cerdo asado: Roast knuckle of pork

Jarrete de cordero: Knuckle of lamb

Jarrete de Cordero al horno: Oven-roasted knuckle of lamb

Jarrete de ternera: Knuckle of veal (shin of veal)

Jarrete de ternera lechal: Knuckle of suckling veal

Jugo de carne: Meat juice (jus, gravy)

K

Kebab (pincho): Kebab (skewer)

Kudú: Kudu (koodoo)

L

Lacón (brazuelo del cerdo): Ham hock (shoulder of pork)

Lacón a la brasa: Charcoal-broiled shoulder of pork

Lacón cocido: Boiled shoulder of pork

Lacón con grelos: Shoulder of pork with turnip greens

Langosta (insecto): Locust

Larva: Larva (worm)

Larvas comestibles: Edible larvae

Larvas de bambú fritas: Fried bamboo larvae

Lasaña a la boloñesa: Bolognese lasagna

Lasaña de carne: Meat lasagna

Lebrato (liebre joven): Leveret (young hare)

Lechazo: Milk-fed lamb

Lechecillas (mollejas): Sweetbreads

Lechecillas de cordero: Lamb sweetbreads

Lechón: Suckling pig

Lengua: Tongue

Lengua de buey: Ox tongue

Lengua de res (lengua de vaca): Beef tongue

Lengua de ternera: Calf's tongue

Lengua en gelatina: Tongue in aspic

Lengua salada: Salted tongue

Libritos de lomo de cerdo: Fillets of pork filled with cheese and ham

Liebre: Hare

Liebre a la cazadora: Hare in hunter's style

Liebre joven (lebrato): Young hare (leveret)

Lomo: Loin (fillet, steak)

Lomo adobado: Marinated pork loin

Lomo alto: Ribeye (rib-eye, fore rib)

Lomo bajo: Sirloin

Lomo de cerdo (caña de lomo): Pork loin

Lomo de cerdo a la brasa: Charcoal-broiled pork loin fillets

Lomo de cerdo a la naranja: Pork loin fillets in orange sauce

Lomo de cerdo a la sal: Salt-coated pork loin

Lomo de ciervo: Saddle of venison

Lomo de conejo: Saddle of rabbit

Lomo de cordero: Loin of lamb

Lomo de corzo: Saddle of venison

Lomo de liebre: Saddle of hare

Lomo de orza: Loin of pork preserved in olive oil

Lomo embuchado: Cured pork loin sausage

Lomo embuchado ibérico: Cured Iberian pork loin sausage

Loncha: Slice

Loncha de bacon: Slice of bacon (strip of bacon, rasher of bacon)

Loncha de jamón: Slice of ham

Lonchas finas: Thin slices

Loncheado/a: Sliced

Longaniza (salchichón): Cured pork sausage (pepperoni)

Losa de piedra: Stone slab

Lunes sin carne (Meatless Monday): Meat Free Monday (Meatless Monday)

M

Macarrones a la boloñesa: Bolognese macaroni

Maduración de la carne de vacuno: Beef ageing

Maduración en húmedo (carne de vacuno): Wet aged beef

Maduración en seco (carne de vacuno): Dry aged beef

Maestro cortador de jamón: Master ham slicer (master ham carver)

Magret de pato (pechuga de pato): Magret of duck (duck breast)

Magret de pato a la brasa: Charcoal-broiled magret of duck

Magret de pato a la naranja: Magret of duck in orange sauce

Magret de pato a la parrilla: Grilled magret of duck

Magret de pato con salsa agridulce: Magret of duck in sweet-and-sour sauce

Magro de cerdo: Lean pork

Magro/a: Lean

Mamífero: Mammal

Manido (sabor fuerte, sabor a caza): Gamy (gamey)

Manitas de cerdo (pies de cerdo): Pig's trotters

Manitas de cerdo con gambas: Pig's trotters with prawns

Manitas de cerdo gratinadas: Gratinated pig's trotters

Manitas de cerdo rellenas de setas: Pig's trotters stuffed with mushrooms

Manteca (grasa): Fat (dripping, animal fat)

Manteca de cerdo: Lard (suet, pork fat)

Manto (mantellina, redaño, crepineta): Mesentery (crépine, fat netting)

Mar y Montaña: Surf and Turf

Marcado/a (sellado/a): Seared (sealed)

Marcar (sellar): To sear (to seal)

Marmoleo (marmoleado de la carne,veteado, carne veteada): Marbling (marbled meat)

Matadero: Slaughterhouse (abattoir)

Matambre (corte vacuno): Matambre (flank steak)

Matambre arrollado: Rolled stuffed matambre (flank steak)

Matanza (carne de cerdo): Pig-killing meat

Matanza (y preparación de la carne): Butchery

Matanza del cerdo: Pig-killing (pig slaughter)

Mazo de carne: Meat mallet (meat tenderiser, meat pounder)

Mechadora (aguja para mechar): Larding needle

Medallón: Medallion

Medallón de carne picada (hamburguesa plana): Patty (burger)

Medallón de solomillo: Tenderloin medallion

Medallones de buey: Beef medallions

Medallones de cerdo: Pork medallions

Medallones de ciervo: Venison medallions

Medallones de ternera: Veal medallions

Medio conejo: Half rabbit

Medio pollo: Half chicken

Menudillos de pollo: Chicken giblets

Menudillos de pollo fritos: Fried chicken giblets

Menudos (menudillos, menudencias): Giblets (innards)

Micuit (mi-cuit, semicocido): Mi-cuit (semi-cooked)

Micuit de pato: Duck mi-cuit

Milanesa (escalope de ternera empanado): Wiener schnitzel (breaded veal escalope)

Milanesa de pollo (pechugas de pollo empanadas): Chicken milanese (breaded chicken breasts)

Mirlo: Blackbird

Mole (guiso de carne con salsa mole): Mole stew (meat stew with mole sauce)

Molinillo de carne (picadora): Meat mincer

Molla (parte magra de la carne): Lean part of meat

Mollejas (de ave): Gizzards

Mollejas (lechecillas): Sweetbreads

Mollejas de cordero: Lamb sweetbreads

Mollejas de cordero a la plancha: Grilled lamb sweetbreads

Mollejas de lechazo: Milk-fed lamb sweetbreads

Mollejas de pato: Duck gizzards

Mollejas de ternera (lechecillas de ternera): Calf's sweetbreads

Mondongo (hacer el mondongo): To make sausages

Mondongo (intestinos): Guts

Morcilla: Black pudding (blood sausage)

Morcilla de arroz: Rice black pudding

Morcillo (zancarrón, jarrete): Shank

Morcillo de ternera: Veal shank

Morcón: Large blood sausage

Morro: Snout (muzzle)

Morro crujiente: Crisp pork muzzle

Morro de cerdo: Pork muzzle

Mortadela (salchichón de Bolonia): Mortadella (bologna sausage)

Mortadela de Bolonia: Bologna sausage

Mortadela de olivas: Olive mortadella

Musaca (berenjenas con carne picada): Moussaka (aubergines with minced meat)

Musaca a la griega: Greek-style moussaka

Músculo: Muscle

Muslitos de codorniz: Quail legs

Muslo (muslito, pata, jamoncito): Leg (drumstick)

Muslo de pato: Duck leg

Muslo de pato con peras: Duck leg with pears

Muslo de pato confitado: Duck leg confit

Muslo de pavo: Turkey leg

Muslo de pavo con pasas y piñones: Turkey leg with raisins and pine nuts

Muslo de pollo: Chicken leg (chicken drumstick)

Muy hecho (filete): Well done (steak)

N

Navarín (estofado de cordero o carnero con verduritas): Navarin (lamb or mutton stew with baby greens)

Nduja (embutido italiano parecido a la sobrasada): Nduja (spicy, spreadable Italian pork sausage)

No muy hecho (filete): Medium (steak)

Novillo: Young bull

Nuez de ternera (tapa de ternera): Veal nut (loin of veal, kernel of veal)

Nuez de ternera asada: Roast veal nut

Nugget (núget, trocito, bocadito): Nugget

Nuggets de pollo: Chicken nuggets

Ñ

Ñandú: Rhea

O

Obispo (morcilla grande): Obispo (large blood sausage)

Oca (ganso): Goose

Oca asada: Roast goose

Oca con nabos: Goose with turnips

Oca confitada: Potted goose

Olla: Pot (cooking pot, cooker)

Onglet (entrécula, arrachera, entraña): Onglet (hanger steak)

Orca: Orca (killer whale)

Oreja: Ear

Oreja de cerdo: Pork ear

Ossobuco (rodaja de jarrete de ternera): Ossobuco (section of veal knuckle)

Ossobuco a la milanesa: Milanese ossobuco

Oveja: Ewe (sheep)

P

Paleta (paletilla, espalda): Shoulder

Paleta de cerdo: Pork shoulder

Paletilla de cabrito: Kid shoulder

Paletilla de cabrito lechal: Suckling kid shoulder

Paletilla de cordero: Lamb shoulder

Paletilla de cordero al horno: Oven-roasted lamb shoulder

Paletilla de cordero lechal: Suckling lamb shoulder

Palitos de pollo (dedos de pollo): Chicken fingers

Pallarda (paillard/e, filete muy delgado de carne): Paillard (very thin slice of meat)

Pallarda de ternera a la parrilla: Grilled veal paillard

Paloma (pichón): Pigeon

Paloma torcaz: Wood-pigeon (ringdove)

Paloma torcaz rellena: Stuffed wood-pigeon

Palomar: Dovecote (pigeon loft)

Panceta (tocino, tocineta, beicon): Streaky bacon

Pancetta (panza de cerdo en salazón): Pancetta (salt-cured pork belly)

Panecillo de hamburguesa: Burger bun

Panecillo de perrito caliente: Hot dog bun

Papada: Dewlap

Papada de cerdo: Pork dewlap

Papafigo (becafigo): Beccafico

Parrilla (grill): Grill (griller, broiler)

Parrilla de mesa: Table grill

Parrilla eléctrica: Electric grill

Parrillada de carne: Mixed grilled meat

Parrillero: Grill chef (grill cook)

Parte magra de la carne (molla): Lean part of meat

Pasado/a (muy hecho/a): Well done (overdone, overcooked)

Pastel de carne: Meatloaf

Pastel de caza: Game pie

Pastel de cerdo (empanada de carne picada de cerdo): Pork pie

Pastrami (pastrón, carne de vaca sazonada y ahumada): Pastrami (seasoned cured beef)

Pastrami ahumado: Smoked pastrami

Pastilla de caldo de pollo: Chicken stock cube

Pastura (pasto): Pasture

Pata (pierna): Leg (haunch)

Pata de jamón: Ham hock

Patatas rellenas de carne: Meat-stuffed potatoes

Patas de pollo: Chicken feet

Paté: Pâté

Paté de faisán: Pheasant pâté

Paté de foie: Foie gras pâté

Paté de hígado de cerdo: Pork liver pâté

Paté de hígado de oca: Goose liver pâté

Paté de jabalí: Wild boar pâté

Paté de liebre: Hare pâté

Paté de oca: Goose pâté

Paté de pato: Duck pâté

Paté de perdiz: Partridge pâté

Pato (ánade): Duck

Pato a la naranja: Duck à l'orange (duck with orange sauce)

Pato al estilo pekinés: Peking duck

Pato asado: Roast duck

Pato casero: Free-range duck

Pato con peras: Duck with pears

Pato con salsa agridulce: Duck with sweet-and-sour sauce

Pato confitado: Duck confit

Pato criollo (pato real): Muscovy duck (Barbary duck)

Pato de Berbería: Barbary duck

Pato joven: Young duck (duckling)

Pato lacado: Lacquered duck

Pato relleno: Stuffed duck

Pato silvestre (pato salvaje): Wild duck (mallard)

Pato silvestre con naranjas: Wild duck with oranges

Pato silvestre del "cuello verde": Wild "green-collared" mallard duck

Pavipollo (pollo del pavo): Young turkey

Pavo: Turkey

Pavo asado: Roast turkey

Pavo doméstico: Domestic turkey

Pavo entero: Whole turkey

Pavo real: Peacock

Pavo relleno: Stuffed turkey

Pavo salvaje: Wild turkey

Pavo trufado: Truffled turkey

Pecho (pechuga): Breast

Pecho de buey: Beef breast

Pecho de cordero: Lamb breast

Pecho de ternera: Veal breast

Pechuga de pato: Duck breast

Pechuga de pavo: Turkey breast

Pechuga de pollo: Chicken breast

Pechuga de pollo a la parrilla: Grilled chicken breast

Pechuga de pollo empanada: Breaded chicken breast

Pechugas de codorniz: Quail breasts

Pelota (albóndiga grande del cocido): Large stewed meatball

Pepitoria: Chicken fricassee

Pepito de ternera: Pepito de ternera (small baguette sandwich with a thin veal fillet)

Pepperoni (salchichón a la pimienta): Pepperoni (spicy sausage)

Perdices a la vinagreta: Partridges in vinaigrette

Perdices escabechadas: Marinated partridges

Perdiz: Partridge

Perdiz de caza (perdiz de tiro): Game partridge

Perdiz guisada: Stewed partridge

Perdiz roja: Red-legged partridge

Pernil (pata): Haunch (leg)

Pernil de jabalí: Haunch of wild boar

Perrito caliente: Hot dog

Perro: Dog

Pescuezo (carne del cuello): Scrag (neck meat)

Picadillo de carne (carne picada): Minced meat, (mincemeat, ground meat)

Picadora: Mincer

Picadora de carne: Meat mincer

Picantón (pollo enano): Small chicken (poussin)

Picantón con cebollitas: Small chicken with baby onions

Picaña (tapilla): Picanha steak (top sirloin cap)

Picaña de ternera: Veal picanha

Pichón: Squab (pigeon)

Pichón a la parrilla: Grilled squab

Pichón en dos cocciones: Squab in two cookings

Pichón escabechado: Marinated squab

Pichón relleno asado: Roast stuffed squab

Pichoncillo (palomino): Young pigeon (squab)

Piel de embutido: Sausage skin

Piel de pollo crujiente: Crispy chicken skin

Pienso (pienso animal): Feed (animal feed)

Pienso avícola: Poultry feed

Pierna: Leg (haunch)

Pierna de cabrito: Leg of kid

Pierna de cabrito a la brasa: Charcoal-broiled leg of kid

Pierna de cabrito al horno: Oven-roasted leg of kid

Pierna de cerdo: Leg of pork

Pierna de cordero: Leg of lamb

Pierna de cordero al horno: Oven-roasted leg of lamb

Pierna de ternera: Leg of veal

Pierna de ternera asada: Roast leg of veal

Pierna entera: Whole leg

Pierrade (carne a la piedra): Pierrade (meat on a heated stone)

Pies de cerdo (manitas de cerdo): Pig's trotters

Pies de cerdo con gambas: Pig's trotters with prawns

Pies de cerdo con setas: Pig's trotters with mushrooms

Pies de cerdo deshuesados: Boned pig's trotters

Pies de cerdo hervidos: Boiled pig's trotters

Pies de cerdo rellenos: Stuffed pig's trotters

Pies de cordero (manitas de cordero): Lamb feet (lamb trotters)

Pies de ternera (manitas de ternera): Veal feet (veal trotters)

Pincho (brocheta): Skewer (brochette)

Pincho (espetón, espeto, asador): Spit (spike for roasting)

Pincho moruno (brocheta de carne adobada): Moorish kebab (spiced meat on skewer)

Pintada (gallina de Guinea): Guinea fowl (guinea hen)

Pintada asada: Roast guinea fowl

Pintada en papillote: Guinea fowl en papillote

Pintada rellena: Stuffed guinea fowl

Pinzas para caracoles: Snail tongs (pince à escargot)

Pinzas para carne: Meat tongs

Pinzas para parrilla (pinzas para barbacoa): Grill tongs (barbecue tongs)

Pitorra (chocha, chochaperdiz, becada): Woodcock

Pizza boloñesa: Bolognese pizza

Plancha: Griddle (grill pan)

Plato de carne: Meat dish

Pluma (plumaje de las aves): Feather

Pluma ibérica (corte del cerdo): Feather loin muscle (pork cut)

Plumaje: Plumage (feathering)

Poco hecho: Rare

Polla de agua (gallineta común): Waterhen (common moorhen)

Pollería: Poulterer's shop (chicken shop)

Pollero/a (vendedor/a de pollos): Poulterer

Pollito (polluelo): Young chicken (poussin, broiler)

Pollo: Chicken

Pollo a la brasa: Charcoal-broiled chicken

Pollo a la cazuela: Chicken casserole

Pollo a la cerveza: Chicken in beer

Pollo a la plancha: Grilled chicken

Pollo a la sartén: Skillet chicken

Pollo al ajillo: Garlic chicken

Pollo al asador (pollo a l'ast): Spit-roasted chicken

Pollo al chilindrón: Chicken "chilindrón" (with tomatoes and peppers)

Pollo al curry: Curried chicken

Pollo al horno: Oven-roasted chicken

Pollo asado: Roast chicken (grilled chicken, roasted chicken)

Pollo campero: Free-range chicken

Pollo con gambas: Chicken with prawns

Pollo de Bresse: Bresse chicken

Pollo de corral (pollo de granja, pollo campero): Free-range chicken

Pollo de corral asado: Roast free-range chicken

Pollo deshuesado: Boned chicken

Pollo deshuesado y relleno: Boned stuffed chicken

Pollo entero: Whole chicken

Pollo frito: Fried chicken

Pollo guisado: Stewed chicken

Pollo para asar (pollo de engorde): Broiler (broiler chicken)

Pollo relleno: Stuffed chicken

Pollo tomatero (pollo de cría, pollo parrillero): Spring chicken

Pollo-pescetariano: Chickifishitarian

Pollotarianismo: Pollotarianism

Polpettone (rollo de carne relleno al horno): Polpettone (Italian meatloaf)

Porcicultura (crianza de cerdos): Porciculture (pig breeding)

Potro: Colt

Prensa para bacon: Bacon press

Presa de cerdo: Pork shoulder (spare rib shoulder)

Presa ibérica: Iberian pork shoulder

Prime rib (filete de costilla de primera calidad): Prime rib (standing rib roast)

Productos cárnicos: Meat products

Proteína: Protein

Proteína animal: Animal protein

Proteína vegetal texturizada (PVT, proteína de soja): Textured vegetable protein (TVP, textured soy protein, soy meat)

Puesto de perritos calientes: Hot dog stand

Pularda: Poulard

Pularda rellena: Stuffed poulard

Pulled pork (cerdo desmigado con salsa barbacoa): Pulled pork

Pulmón (asadura): Lung (offal)

Pulpa (pupieta, molledo): Boneless piece of meat

Punta de solomillo: Thick end of tenderloin

Puntos de cocción de la carne: Doneness of meat

Pupietas de ternera: Veal roulades

Pura raza: Purebred

Q

Queso de cerdo (queso de cabeza): Head cheese (brawn)

Quijada (carrillera): Jaw (jawbone, cheek)

Quijada de cerdo (carrillera de cerdo): Pork cheek

R

Rabada: Hindquarter (rump)

Rabadilla: Rump

Râble (lomo de conejo o liebre): Râble (saddle of rabbit or hare)

Rabo (cola): Tail

Rabo de buey: Oxtail

Rabo de buey al vino tinto: Oxtail with red wine

Rabo de buey estofado: Oxtail stew

Rabo de cerdo: Pork tail (pig tail)

Rabo de cerdo cocido: Boiled pork tail

Rabo de ternera: Veal tail

Rabo de toro: Bull tail

Rabo de toro al vino tinto: Bull tail with red wine

Rabo de toro estofado: Stewed bull tail

Rana: Frog

Ranas fritas: Fried frogs

Ranas salteadas: Sautéed frogs

Rascador de barbacoa: Grill scraper

Raviolis de carne: Meat ravioli

Raza: Breed

Raza bovina Angus: Angus cattle breed

Raza churra: Churra sheep breed

Raza porcina: Pig breed

Raza pura: Purebred

Raza wagyu: Wagyu breed

Rebanadora de carne (cortafiambres): Meat slicer

Rebeco (gamuza): Chamois

Recortes (de carne): Trimmings (remaining meat cuts)

Recortes de ternera: Veal trimmings

Redaño (crepineta, manto, mantellina): Mesentery (crépine, fat netting)

Redondo de carne picada: Rolled minced meat

Rellenar: To stuff

Relleno: Stuffing (filling)

Relleno de carne picada: Forcemeat

Relleno/a: Stuffed (filled)

Reno: Reindeer

Reno asado: Roast reindeer

Res (animal vacuno): Cow (cattle, livestock)

Rillettes (paté de pobre): Rillettes (potted meat)

Rillettes de cerdo: Pork rillettes

Rillettes de pato: Duck rillettes

Riñón: Kidney

Riñones al jerez: Kidneys with sherry

Riñones de cerdo: Pork kidneys

Riñones de cordero: Lamb kidneys

Riñones de cordero con ajo y perejil: Lamb kidneys with garlic and parsley

Riñones de ternera: Calf's kidneys

Riñones de ternera flameados: Calf's kidneys flambé

Rollito de cerdo asado: Roast pork roll

Rollitos de jamón de York: Cooked ham rolls

Rosbif (roast-beef, asado de buey): Roast beef

Rosbif caliente: Hot roast beef

Rosbif en su salsa: Roast beef in gravy

Rosbif frío: Cold roast beef

Roulade (arrollado, carne enrollada): Roulade (meat roll)

Roulade de pollo: Chicken roulade

Rueda de asador: Turnspit

Rustir (asar): To roast (to grill)

S

Salami (salame, salchichón): Salami (cured sausage)

Salchicha: Sausage (banger)

Salchicha Bratwurst: Bratwurst sausage

Salchicha cortada: Sliced sausage

Salchicha de Frankfurt: Frankfurter

Salchicha Lorne (salchicha cuadrada): Lorne sausage (square sausage)

Salchicha plana (crepineta, crépinette): Flattened sausage (sausage parcel, crépinette)

Salchicha vegetariana: Vegetarian sausage

Salchichón (longaniza): Saucisson (spicy sausage, dry cured sausage)

Salchichón de Bolonia (mortadela): Bologna sausage (mortadella)

Salchichón ibérico: Iberian spicy sausage

Salmis (guiso de aves o caza): Salmis (poultry or game stew)

Salmis de pichón: Squab salmis

Salsa de carne: Meat sauce (gravy)

Saltamontes (chapulín): Grasshopper

Saltamontes fritos: Fried grasshoppers

San Jacobo: San Jacobo (breadcrumbed fried ham & cheese escalope)

Sándwich de pastrami: Pastrami sandwich

Sangre: Blood

Sangre encebollada: Onioned blood

Sarmale (rollitos de carne rumanos): Sarmale (Romanian meat rolls)

Sartén: Frying pan (frypan, skillet)

Sauerbraten (asado de carne marinada): Sauerbraten (pot-roasted marinated beef)

Schmaltz (grasa procesada de pollo o ganso): Schmaltz (rendered chicken or goose fat)

Secreto de cerdo: Lean pork fillet

Secreto ibérico: Iberian pork fillet

Sellado/a (marcado/a): Sealed (seared)

Sellar (marcar): To seal (to sear)

Semivegetarianismo (pescatarianismo, pollotarianismo): Semi-vegetarianism (pescetarianism)

Serpiente: Snake

Sesada (fritada de sesos): Fried brains

Sesos: Brains

Sesos de cordero: Lamb brains

Sesos fritos: Deep-fried brains

Sesos rebozados: Batter-fried brains

Shabu-shabu (fondue japonesa): Shabu-shabu (Japanese fondue)

Shashlik (brocheta de carne): Shashlik (meat skewer)

Shawarma (kebab): Shawarma (döner kebab)

Silla (lomo/cuarto trasero): Saddle

Silla de cordero: Saddle of lamb

Silla de ternera: Saddle of veal

Sin carne: Meatless

Sin hueso (deshuesado): Boneless

Sobrasada: Majorcan pork sausage paste

Solomillo: Fillet steak (tenderloin, sirloin)

Solomillo a la plancha: Grilled fillet steak

Solomillo al gusto: Fillet steak prepared to your liking

Solomillo de buey: Beef fillet steak

Solomillo de buey Wellington: Beef Wellington

Solomillo de cerdo: Pork fillet steak

Solomillo de cerdo a la parrilla: Grilled pork fillet steak

Solomillo de ciervo: Venison fillet steak

Solomillo de ternera: Veal fillet steak

Solomillo de ternera a la brasa: Charcoal-broiled veal fillet steak

Solomillo de ternera a la losa: Veal fillet steak grilled on a stone slab

Solomillo hojaldrado: Veal fillet steak in pastry

Soufflé de jamón: Ham soufflé

SPAM (jamonilla): SPAM (hormel spiced ham)

Spiedie (sándwich de carne marinada): Spiedie (marinated meat sandwich

Steak tartar (bistec a la tártara): Steak tartare (tartar steak)

Subraza: Subbreed

Sucedáneo de carne (sustituto de la carne): Meat analogue (meat substitute)

Suela de zapato (carne dura): Leathery meat

Suprema de pollo (pechuga de pollo): Chicken suprême (chicken breast)

Surtido de fiambres: Assorted cold cuts

Sustituto de la carne: Meat substitute

T

T-bone (chuletón con hueso, bife con lomo): T-bone

Tabla de embutidos: Charcuterie board (sausage platter)

Taco de pollo: Chicken taco

Tacos de arrachera: Arrachera (skirt steak) tacos

Tacos de jamón (taquitos de jamón): Ham cubes

Tajín (guiso de carne y verduras del norte de África): Tajine (North African stew of spiced meat and vegetables)arantula

Tajín (tayín, tajine, cazuela de barro con una tapa cónica): Tajine (tagine, earthenware cooking dish with a conical lid)

Tajín de cordero: Lamb tajine

Tajín de pollo: Chicken tajine

Tapa (tapilla, redondo): Topside

Tarántula: Tarantula

Tártaro de ternera: Veal tartare

Tasajo (cecina, charqui, carne seca): Jerky

Tataki de buey: Beef tataki

Temporada de caza: Game season

Tendones: Tendons

Tenebrios (gusanos de la seda): Mealworms

Tenedor para caracoles: Snail fork (fourchette à escargot)

Tenedor para carne: Steak fork (meat course fork)

Teriyaki de pollo: Chicken teriyaki

Termómetro de carne: Meat thermometer

Ternasco (cordero de Aragón): Ternasco (Aragonese lamb)

Ternasco al horno: Oven-roasted Aragonese "ternasco" lamb

Ternera: Veal

Ternera al curry: Curried veal

Ternera asada: Roast veal

Ternera blanca: White veal

Ternera con setas: Veal with mushrooms

Ternera ecológica: Organic veal

Ternera estofada: Stewed veal

Ternera lechal: Suckling veal

Ternero/a (becerro): Calf (veal)

Ternilla: Gristle

Ternillas de ternera: Calf's gristle

Ternura de la carne: Meat tenderness

Terrina de confit de pato: Duck confit terrine

Terrina de foie gras: Foie gras terrine

Terrina de hígado de pato: Duck liver terrine

Tijeras para cortar el pollo: Poultry shears

Tipos de cortes: Types of cuts

Tira de asado: Crosscut ribs (short ribs)

Tira de bacon: Strip of bacon (rasher of bacon)

Tiras de pollo: Chicken strips (chicken tenders)

Tocineta (bacon, tira de tocino): Slice of bacon

Tocino: Bacon (lard)

Tocino ahumado (bacon ahumado): Smoked bacon

Tocino entreverado (tocino veteado, panceta): Streaky bacon

Tocino frito: Fried bacon

Tocino graso: Fat bacon

Tocino magro: Lean bacon

Tombik döner (bocadillo de carne desmenuzada): Tombik döner (shredded meat sandwich)

Tordo: Thrush (fieldfare)

Toro: Bull

Torrezno (tira gruesa de tocino): Rasher (thick bacon slice)

Tórtola: Turtledove

Tortuga: Turtle

Tostón (cochinillo asado): Roast suckling pig

Tournedó (turnedó, corte redondo de solomillo de buey o ternera con bacon): Tournedos (round cut of beef or veal tenderloin with bacon)

Tournedó a la parrilla: Grilled tournedos

Tournedó de ternera: Veal tournedos

Tournedó Rossini (con foie gras y trufas): Tournedos Rossini (with foie gras and truffles)

Trinchante (cuchillo para trinchar): Carving knife

Trinchar (cortar): To carve

Trinchar el pavo: To carve the turkey

Tripa para embutido (piel de embutido): Sausage casing (sausage skin)

Triquinosis (enfermedad parasitaria por el consumo de carne cruda): Trichinosis (food poisoning from raw meat)

Tuétano: Marrow

U

Urogallo (gallo silvestre): Grouse (capercaillie)

V

Vaca: Cow (beef)

Vaca lechera: Milk cow (dairy cow)

Vacío (corte del cuarto trasero, falda): Hindquarter (thin flank, flap meat, brisket)

Vaquería: Cowshed (milking shed, dairy)

Venado (carne de ciervos, renos o alces): Venison (meat of a deer)

Vetas de grasa: Fat veins (fat marbling)

Veteado (marmoleado, carne veteada): Marbling (marbled meat)

Vientre: Belly (stomach)

Vientre de cerdo (panza de cerdo): Pork belly

Vientre de ternera: Veal belly

Virutas de foie gras: Foie gras shavings

Virutas de jamón: Ham shavings

Vísceras (entrañas): Entrails (inners, guts)

Vitello tonnato (ternera con salsa de atún): Vitello tonnato (veal with tuna sauce)

Volatería (aves): Poultry

Vuelta y vuelta (filete poco hecho): Rare (steak)

W

Wagyu (raza bovina japonesa): Wagyu (Japanese beef cattle breed)

Y

Yak (bóvido asiático): Yak (Asian bovid)

Yakiniku (carne a la parrilla): Yakiniku (grilled meat)

Yakitori (brocheta de pollo japonesa): Yakitori (Japanese chicken skewer)

Z

Zancarrón: Shank

Zoología: Zoology

PART II: ENGLISH-SPANISH

A

Abstinence (from meat): Abstinencia (de la carne)

Acorn-fed Iberian ham: Jamón ibérico de bellota

Aged meat: Carne madurada

Alla bolognese (bolognese sauce, with ground meat, tomato, onion and herbs): A la boloñesa (salsa con carne picada, tomate, cebolla y hierbas)

Andouillette (tripe sausage): Andouillette (embutido de callos)

Angus burger: Hamburguesa Angus

Angus cattle breed: Raza bovina Angus

Animal farm: Granja de animales

Animal protein: Proteína animal

Antelope: Antílope

Ants: Hormigas

Arrachera steak (skirt steak): Arrachera (corte de carne mexicano)

Assorted cold cuts: Surtido de fiambres

Assorted sausages: Surtido de embutidos (embutidos variados)

B

Baby lamb (suckling lamb): Cordero lechal (lechazo)

Bacon: Bacon (beicon, bacón, panceta, tocino)

Bacon press: Prensa para bacon

Bain-marie meat: Carne al baño maría

Banger (sausage): Embutido (salchicha)

Barbary duck: Pato de Berbería

Barbecue (barbeque): Barbacoa

Barbecue chorizo sausage: Chorizo parrillero

Barbecue grill: Barbacoa (parrilla)

Barbecue tongs: Pinzas para barbacoa

Barbecued (grilled on the barbecue): A la barbacoa

Baron of lamb (saddle and both legs of lamb): Barón de cordero (silla y las dos piernas del cordero)

Battered meat: Carne rebozada

Bavette (flank steak): Bavette (babilla, redondo)

Bayonne ham: Jamón de Bayona

Beaver: Castor

Beccafico: Becafigo (papafigo)

Bee: Abeja

Beef (beef meat): Carne de vacuno (carne de res, vaca, buey)

Beef à la mode (beef pot roast): Buey a la moda

Beef ageing: Maduración de la carne de vacuno

Beef bavette: Bavette de buey

Beef breast: Pecho de buey

Beef carpaccio: Carpaccio de buey

Beef entrecote steak: Entrecot de buey

Beef fillet: Filete de buey

Beef meat: Carne de buey

Beef meat cuts: Cortes de carne de buey

Beef medallions: Medallones de buey

Beef rib steak: Chuletón de buey

Beef stew: Estofado de buey

Beef Stroganoff: Buey Strogonoff

Beef tenderloin: Solomillo de buey

Beef tataki: Tataki de buey

Beef tongue: Lengua de res (lengua de vaca)

Beef Wellington: Solomillo de buey Wellington

Beefsteak (steak): Bistec (bife, filete)

Bellota ham (from acorn-fed pigs): Jamón de bellota

Belly (stomach): Vientre

Bife de chorizo (Argentinian sirloin steak): Bife de chorizo

Big-bottomed ants: Hormigas culonas

Big game: Caza mayor

Bird: Ave (pájaro)

Bird of prey: Ave rapaz (ave de presa, ave de rapiña)

Bison: Bisonte

Bitok (hashed steak): Bitoque (bistec de carne picada)

Black pork sausage: Butifarra negra

Black pudding (blood sausage): Morcilla

Blackbird: Mirlo

Blood: Sangre

Blood sausage (black pudding): Morcilla

Blue rare fillet: Filete sellado

Boiled ham (cooked ham): Jamón cocido

Boiled pig's trotters: Pies de cerdo hervidos

Boiled shoulder of pork: Lacón hervido

Bologna sausage: Mortadela de Bolonia

Bolognese lasagna: Lasaña a la boloñesa

Bolognese macaroni: Macarrones a la boloñesa

Bolognese pizza: Pizza boloñesa

Bone: Hueso

Bone-in meat (meat on the bone): Carne con hueso

Boned (deboned): Deshuesado/a

Boned chicken: Pollo deshuesado

Boned pig's trotters: Pies de cerdo deshuesados

Boned rabbit: Conejo deshuesado

Boned stuffed chicken: Pollo deshuesado y relleno

Boneless: Sin hueso (deshuesado)

Boneless meat: Carne sin hueso

Boneless piece of meat: Pulpa (pupieta, molledo)

Boning knife: Cuchillo deshuesador

Botifarra (Catalan pork sausage): Botifarra (butifarra)

Bovid (ruminant mammal): Bóvido (mamífero rumiante)

Brains: Sesos (sesada)

Braised beef: Buey estofado

Braised lamb hearts: Corazones de cordero estofados

Bratwurst sausage: Salchicha Bratwurst

Breaded chicken breast: Pechuga de pollo empanada

Breaded chicken wings: Alas de pollo empanadas

Breaded kid chops: Chuletas de cabrito empanadas

Breaded meat: Carne empanada

Breaded pork chop: Chuleta de cerdo empanada

Breaded veal escalope: Escalope de ternera empanada

Breast: Pecho (pechuga)

Breed: Raza

Breeding: Cría (crianza)

Breeding stock: Ganado de cría

Bresse chicken: Pollo de Bresse

Bresse poultry: Aves de Bresse

Brisket (breast meat): Falda (pecho, costilla de res)

Brochette (skewer): Brocheta (pincho)

Broiler (broiler chicken): Pollo para asar (pollo de engorde)

Buffalo: Búfalo

Buffalo wings: Alitas búfalo (alitas de pollo picantes)

Bulgogi ("fire meat", typical Korean dish): Bulgogi ("carne de fuego", plato típico coreano)

Bull: Toro

Bull tail: Rabo de toro

Bull stew: Estofado de toro

Bull tail with red wine: Rabo de toro al vino tinto

Bull testicles: Criadillas de toro

Burger (hamburger): Hamburguesa

Burger bar: Hamburguesería (burguer)

Burger bun: Panecillo de hamburguesa

Burgundy snails: Caracoles de borgoña

Butcher: Carnicero/a

Butcher equipment: Equipo de carnicería

Butcher's hook: Gancho de carnicero

Butcher's knife: Cuchillo de carnicero

Butcher's shop (butcher's): Carnicería

Butcher's steak (hanger steak, onglet): Entrécula (arrachera, entraña, onglet)

Butchery: Matanza (y preparación de la carne)

C

Caen tripe (baked tripe with Calvados): Callos al estilo de Caen

Caiman (alligator): Caimán (yacaré)

Calf (veal): Ternero (ternera, becerro)

Calf's gristle: Ternillas de ternera

Calf's head: Cabeza de ternera

Calf's heart: Corazón de ternera

Calf's kidneys: Riñones de ternera

Calf's kidneys flambé: Riñones de ternera flameados

Calf's liver: Hígado de ternera

Calf's sweetbreads: Mollejas de ternera (lechecillas de ternera)

Calf's tongue: Lengua de ternera

Capercaillie: Gallo silvestre

Capon (poulard): Capón (pularda)

Carbonada (South American meat stew): Carbonada (guiso de carne suramericano)

Carcass: Carcasa

Carnism: Carnismo

Carnist: Carnista

Carnivore diet: Dieta carnívora

Carnivorous (carnivore, meat-eater): Carnívoro/a

Carré (rack, ribs, crown roast): Carré (costillar)

Carré d'agneu (rack of lamb): Carré de cordero (costillar de cordero)

Carrion: Carroña

Cartilage: Cartílago

Cartilaginous (gristly): Cartilaginoso/a

Carving knife: Cuchillo para trinchar (trinchante)

Casserole (saucepan): Cacerola (cazuela)

Casserole of pheasant: Faisán a la cazuela

Catalan pork sausage: Butifarra

Cattle: Ganado vacuno

Chamois: Rebeco (gamuza)

Charcoal barbecue: Barbacoa de carbón

Charcoal-broiled beef fillet: Filete de buey a la brasa

Charcoal-broiled chicken: Pollo a la brasa

Charcoal-broiled entrecote steak: Entrecot a la brasa

Charcoal-broiled hamburger: Hamburguesa a la brasa

Charcoal-broiled kid: Cabrito a la brasa

Charcoal-broiled lamb: Cordero a la brasa

Charcoal-broiled lamb chops: Chuletas de cordero a la brasa

Charcoal-broiled mixed grill: Carne a la brasa

Charcoal-broiled pork chop: Chuleta de cerdo a la brasa

Charcoal-broiled quails: Codornices a la brasa

Charcoal-broiled rabbit: Conejo a la brasa

Charcoal-broiled shoulder of lamb: Paletilla de cordero a la brasa

Charcoal-broiled veal fillet steak: Solomillo de ternera a la brasa

Charcuterie (cooked pork products, deli food): Charcutería (embutidos)

Charcuterie (pork butcher's shop, deli): Charcutería (tienda)

Charcuterie board (sausage platter): Tabla de embutidos

Chateaubriand (chateaubriand steak): Chateaubriand (filete chateaubriand)

Cheek: Carrillera (carrillada, quijada)

Cheeseburger: Hamburguesa con queso

Chicken: Pollo

Chicken balls: Bolitas de pollo

Chicken blanquette: Blanqueta de pollo

Chicken breast: Pechuga de pollo

Chicken carcass: Carcasa de pollo

Chicken casserole: Pollo a la cazuela

Chicken Cordon Bleu: Cordon Bleu de pollo

Chicken croquettes: Croquetas de pollo

Chicken curry: Curry de pollo

Chicken drumsticks: Jamoncitos de pollo (muslos de pollo)

Chicken enchiladas: Enchiladas de pollo

Chicken fat: Grasa de pollo

Chicken feet: Patas de pollo

Chicken fillets: Filetes de pollo

Chicken fingers: Dedos de pollo (tiras de pollo)

Chicken fricassee: Pepitoria

Chicken fritters: Buñuelos de pollo

Chicken galantine: Galantina de pollo

Chicken giblets: Menudillos de pollo

Chicken hearts: Corazones de pollo

Chicken in beer: Pollo a la cerveza

Chicken innards: Asadura de pollo

Chicken leg (chicken drumstick): Muslo de pollo (muslito de pollo)

Chicken livers: Higadillos de pollo

Chicken milanese (breaded chicken breasts): Milanesa de pollo (pechugas de pollo empanadas)

Chicken nuggets: Nuggets de pollo

Chicken plucker machine: Desplumadora de pollos

Chicken rotisserie: Asador de pollos

Chicken roulade: Roulade de pollo

Chicken skewers: Brochetas de pollo

Chicken stock cube: Pastilla de caldo de pollo

Chicken strips (chicken tenders): Tiras de pollo

Chicken taco: Taco de pollo

Chicken tajine: Tajín de pollo

Chicken teriyaki: Teriyaki de pollo

Chicken thigh: Contramuslo de pollo

Chicken wing: Ala de pollo (alita de pollo)

Chicken with prawns: Pollo con gambas

Chickifishitarian: Pollo-pescetariano

Chili con carne (meat, beans, chili peppers): Chile con carne

Chipolata (fresh sausage): Chipolata (salchicha fresca)

Chistorra (Spanish fast-cured sausage): Chistorra

Chitterlings (chitlins): Chinchulines

Chop (cutlet): Chuleta

Chorizo sausage (paprika salami sausage): Chorizo

Chuck steak: Aguja de ternera (filete de pobre, lomo de aguja)

Churrasco (barbecued steak, seven steak): Churrasco (carne asada a la parrilla o a la barbacoa)

Churrasco grill: Churrasquera

Churrasco with creole sauce: Churrasco a la salsa criolla

Churrasco with herbs: Churrasco a las hierbas

Civet (jugged/stewed game meat): Civet (guiso de carne de caza)

Clean meat (cultured meat, in-vitro meat): Carne cultivada (carne artificial)

Cleaver (butcher's knife): Cuchilla de carnicero

Cock (rooster): Gallo

Cockerel: Gallo joven (gallito)

Cockscomb: Cresta de gallo

Cold cut (cold meat, lunch meat): Fiambre (carne fría)

Cold roast beef: Rosbif frío

Collar of pork: Cabeza de lomo (carne del cuello)

Colt: Potro

Common moorhen (waterhen, swamp chicken): Gallineta común (polla de agua)

Confit of duck (duck confit): Confit de pato

Confit of duck with orange sauce: Confit de pato a la naranja

Confit of goose (potted goose): Confit de oca (oca confitada)

Cooked ham (boiled ham, York ham): Jamón de York (jamón dulce)

Cooked ham rolls: Rollitos de jamón de York

Cooked pork tail: Rabo de cerdo cocido

Cooking pot: Olla

Cordon Bleu (thin fillets filled with cheese and ham): Cordon Bleu (filetitos rellenos de jamón y queso)

Corned beef: Corned beef (carne de vacuno en conserva)

Cornish hen (poussin): Gallina de Cornualles

Cornish pasties: Empanadas de Cornualles

Cottage pie (shepherd's pie): Cottage pie (pastel de carne picada y puré de patatas)

Cow (beef): Vaca

Cow (cattle, livestock): Res (animal vacuno)

Cow meat: Carne de vaca

Cowshed (milking shed, dairy): Vaquería

Cracklings (crisp pork rinds): Chicharrones

Creole: Criollo/a

Creole chorizo sausage: Chorizo criollo

Crépine (fat netting, caul fat): Crepina (crepineta, redaño, velo, manto, mantellina)

Crépinette (flattened sausage, sausage parcel): Crepineta (crépinette, salchicha plana)

Cricket flour: Harina de grillo

Crisp pork muzzle: Morro crujiente

Crispy bacon: Bacon crujiente

Crispy chicken skin: Piel de pollo crujiente

Crocodile: Cocodrilo

Croquettes: Croquetas

Crosscut ribs (short ribs): Asado de tira (tira de asado)

Crown roast: Corona de costillas asadas

Cultured meat (clean meat, in-vitro meat): Carne cultivada (carne artificial)

Cured Iberian pork loin sausage: Lomo embuchado ibérico

Cured meat (salted meat): Carne curada (cecina, carne seca salada)

Cured pork loin sausage: Lomo embuchado (caña de lomo)

Cured pork sausage (pepperoni): Longaniza (salchichón)

Curried chicken: Pollo al curry

Curried meat: Carne al curry

Curried veal: Ternera al curry

Cut of meat: Corte de carne

Cutlet (chop): Chuleta

Cutting up meat (dressing): Despiece (de la carne)

D

Deep-fried brains: Sesos fritos

Deer (venison): Ciervo (venado)

Deer meat: Carne de ciervo (carne de venado)

Degrees of doneness: Grados de cocción de la carne

Dehydrated meat: Carne deshidratada

Deli (charcuterie, pork butcher's shop): Charcutería

Dewlap: Papada

Dog: Perro

Domestic turkey: Pavo doméstico

Doneness of meat: Puntos de cocción de la carne

Döner kebab: Döner (shawarma, gyros)

Dressing (cutting up meat): Despiece (de la carne)

Dried meat: Carne seca

Drumstick (chicken leg): Muslo (muslito, jamoncito de pollo)

Dry aged beef: Maduración en seco (carne de vacuno)

Duck: Pato (ánade)

Duck à l'orange (duck with orange sauce): Pato a la naranja

Duck breast: Pechuga de pato

Duck confit: Pato confitado

Duck confit terrine: Terrina de confit de pato

Duck galantine: Galantina de pato

Duck gizzards: Mollejas de pato

Duck ham: Jamón de pato

Duck leg: Muslo de pato

Duck leg confit: Muslo de pato confitado

Duck leg with pears: Muslo de pato con peras

Duck liver: Hígado de pato

Duck liver terrine: Terrina de hígado de pato

Duck liver with figs: Hígado de pato con higos

Duck mi-cuit: Micuit de pato

Duck pâté: Paté de pato

Duck rillettes: Rillettes de pato

Duck with sweet-and-sour sauce: Pato con salsa agridulce

Dumplings: Bolas de masa hervida (albondiguillas)

E

Ear: Oreja

Earthworm: Gusano de tierra

Edible insects: Insectos comestibles

Edible larvae: Larvas comestibles

Egg burger: Hamburguesa con huevo

Electric barbecue: Barbacoa eléctrica

Electric grill: Parrilla eléctrica

Elk (moose): Alce (ante)

Emincés (thin slices of meat): Emincés (lonchas finas de carne)

Emincés of veal Stroganoff: Emincés de ternera Strogonoff

Entrails (bowels, guts): Entrañas (vísceras)

Entrecote steak: Entrecot

Entrecote steak with fine herbs: Entrecot a las finas hierbas

Entrecote steak with French fries: Entrecot con patatas fritas

Entrecote steak with green peppercorns: Entrecot a la pimienta verde

Escalope (scallop): Escalope (escalopa)

Escalope Cordon Bleu: Escalope Cordon Bleu

Ewe (sheep): Oveja

F

Fajita (strips of meat and vegetables on a corn tortilla): Fajita (carne y verduras a tiras sobre una tortilla de maíz)

Fake meat: Falsa carne (carne vegetal)

Fallow deer: Gamo

Farm animals: Animales de granja

Farmyard (poultry yard): Corral

Fat (dripping, animal fat): Grasa (manteca)

Fat bacon: Tocino graso

Fat marbling (intramuscular fat): Grasa entreverada

Fat netting (mesentery, crépine): Redaño (crepineta, manto, mantellina)

Fat veins (fat marbling): Vetas de grasa

Fatback: Fatback (tocino, bacon, panceta)

Fattened (fattened up): Cebado/a

Fatty meat: Carne grasa

Feather: Pluma (plumaje de las aves)

Feather loin muscle (prime pork cut): Pluma ibérica (corte exquisite del cerdo)

Fieldfare (thrush): Zorzal real (tordo)

Filet mignon (smaller end of tenderloin): Filete mignon (punta de solomillo)

Filet mignon with mustard sauce: Filete mignon con salsa de mostaza

Fillet (filet, steak): Filete

Fillet steak (tenderloin, sirloin): Solomillo

Fillet steak prepared to your liking: Solomillo al gusto

Filleting knife: Cuchillo filetero (cuchillo para filetear)

Flank steak: Babilla (redondo)

Flemish carbonnade (Flemish stew): Carbonada a la flamenca (carbonade)

Fodder (forage): Forraje

Foie gras: Foie (foie gras, fuagrás)

Foie gras escalope: Escalope de foie gras

Foie gras pâté: Paté de foie gras

Foie gras terrine: Terrina de foie gras

Foie gras shavings: Virutas de foie gras

Forcemeat: Relleno de carne picada

Frankfurter: Salchicha de Frankfurt

Free-range chicken: Pollo de corral (pollo de granja, pollo campero)

Free-range cock (cockerel): Gallo de corral

Free-range duck: Pato casero

Freeze-dried meat: Carne liofilizada

Fresh duck liver: Hígado de pato fresco

Fricandeau (veal stew with mushrooms): Fricandó (estofado de ternera con setas)

Fricandeau with mixed vegetables: Fricandó a la jardinera

Fricandeau with mushrooms: Fricandó con setas

Fricassee: Fricasé (fricassée)

Fried ants: Hormigas fritas

Fried bacon: Tocino frito (torrezno)

Fried bamboo worms: Larvas de bambú fritas

Fried brains: Sesos fritos (sesada)

Fried chicken: Pollo frito

Fried chicken giblets: Menudillos de pollo fritos

Fried frogs: Ranas fritas

Fried frog's legs: Ancas de rana fritas

Fried grasshoppers: Chapulines fritos (saltamontes fritos)

Fried rabbit: Conejo frito

Fried spider: Araña frita

Fried worms: Gusano fritos

Frog: Rana

Frog's leg: Anca de rana

Frog's legs with garlic and parsley: Ancas de rana con ajo y perejil

Frozen meat: Carne congelada

Frying pan (frypan, skillet): Sartén

G

Galantine (cold dish of ground meat): Galantina (plato frío de carne picada)

Game (hunting): Caza (animales de caza)

Game birds: Caza de pluma

Game in season: Caza de temporada

Game meat: Carne de caza

Game partridge: Perdiz de caza (perdiz de tiro)

Game pie: Pastel de caza

Game season: Temporada de caza

Gammon: Jamón fresco

Gamy (gamey): Manido (sabor fuerte, sabor a caza)

Garlic chicken: Pollo al ajillo

Garlic rabbit: Conejo al ajillo

Gas barbecue: Barbacoa a gas

Giblets: Menudos (menudillos, menudencias)

Gigot (leg of lamb): Gigot (pierna de cordero)

Gizzards: Mollejas (de ave)

Glaze (reduction of condensed beef or poultry stock): Glasa (reducción de fondo de carne o ave)

Glazed veal cheeks: Carrilleras de ternera glaseadas

Goat: Cabra

Goose: Oca (ganso)

Goose foie gras: Foie gras de oca

Goose liver: Hígado de oca

Goose liver pâté: Paté de hígado de oca

Goose with turnips: Oca con nabos

Goulash (gulyás): Gulash (goulash, gulyás)

Grasshopper: Saltamontes (chapulín)

Gravy: Jugo de carne (salsa espesa)

Greek-style moussaka: Musaca a la griega

Griddle (grill pan): Plancha

Griddled (grilled, cooked on a warm metal plank): A la plancha

Grill (griller, broiler): Parrilla (grill)

Grill brush: Cepillo para parrilla

Grill chef (grill cook): Parrillero

Grill scraper: Rascador de barbacoa

Grill tongs (barbecue tongs): Pinzas para parrilla (pinzas para barbacoa)

Grilled (broiled, on the grill): A la parrilla

Grilled (griddled, cooked on a warm metal plank): A la plancha

Grilled beef entrecote steak: Entrecot de buey a la parrilla

Grilled calf's liver: Hígado de ternera a la plancha

Grilled chicken: Pollo a la plancha

Grilled entrecote steak: Entrecot a la parrilla

Grilled fillet steak: Solomillo a la plancha

Grilled hamburger: Hamburguesa a la plancha

Grilled lamb: Cordero a la parrilla

Grilled lamb chops: Chuletas de cordero a la parrilla

Grilled lamb sweetbreads: Mollejas de cordero a la plancha

Grilled magret of duck: Magret de pato a la parrilla

Grilled meat: Carne a la parrilla

Grilled on the barbecue (barbecued): A la barbacoa

Grilled pork chop: Chuleta de cerdo a la plancha

Grilled quails: Codornices la parrilla

Grilled rabbit: Conejo a la parrilla

Grilled squab: Pichón a la parrilla

Grilled steak: Bistec a la plancha

Grilled tournedos: Tournedó a la parrilla

Grilled veal entrecote steak: Entrecot de ternera a la parrilla

Grilled veal fillet: Filete de ternera a la parrilla

Grilled veal paillard: Pallarda de ternera a la parrilla

Grilled venison: Ciervo a la parrilla

Gristle: Ternilla

Gristly (cartilaginous): Cartilaginoso/a

Ground game: Caza de pelo

Ground meat (minced meat): Carne picada

Guinea fowl (guinea hen): Pintada (gallina de Guinea)

Guinea fowl en papillote: Pintada en papillote

Guts: Vísceras (intestinos)

 H

Haggis (Scottish dish of sheep's offal): Haggis (plato escocés de vísceras de cordero)

Half chicken: Medio pollo

Half rabbit: Medio conejo

Ham: Jamón

Ham bone: Hueso de jamón

Ham carver (master slicer): Cortador de jamón

Ham croquettes: Croquetas de jamón

Ham cubes: Tacos de jamón (taquitos de jamón)

Ham hock: Pata de jamón (codillo de cerdo, lacón)

Ham shavings: Virutas de jamón

Ham slicer machine: Cortadora de jamón

Ham slicing knife: Cuchillo jamonero

Ham stand: Jamonero

Hamburger (burger): Hamburguesa

Hamburger-maker: Hamburguesera

Hamburger steak: Bistec a la rusa

Hamburger with French fries: Hamburguesa con patatas fritas

Hanger steak (butcher's steak, onglet): Entrécula (arrachera, entraña, onglet)

Hare: Liebre

Hare in hunter's style: Liebre a la cazadora

Hare pâte: Paté de liebre

Haunch (leg): Pernil (pata)

Haunch of wild boar: Pernil de jabalí

Hazel-hen: Bonasa (ganga)

Head: Cabeza

Head cheese (brawn): Queso de cerdo (queso de cabeza)

Heart: Corazón

Hen: Gallina

Hen in fricassee: Gallina en pepitoria

Hindquarter (rump): Cuarto trasero (rabada)

Hindquarter (thin flank, flap meat, brisket): Vacío (corte del cuarto trasero, falda)

Hock: Codillo (jarrete)

Homemade: Hecho/a en casa (casero/a)

Homemade sausages: Embutidos caseros

Horse: Caballo

Horse meat: Carne de caballo

Hot chicken (Nashville hot chicken): Hot chicken (pollo picante)

Hot dog: Perrito caliente

Hot dog bun: Panecillo de perrito caliente

Hot dog stand: Puesto de perritos calientes

Hot roast beef: Rosbif caliente

Hunter: Cazador/a

Hunting ground: Coto de caza

I

Iberian cured ham (Spanish ham): Jamón ibérico

Iberian pork fillet: Secreto ibérico

Iberian pork shoulder: Presa ibérica

Iberian spicy sausage: Salchichón ibérico

In-vitro meat (cultured meat): Carne cultivada (carne artificial)

Insect: Insecto

Insect flour: Harina de insectos

Intestine (gut, bowel): Intestino

Irish stew: Estofado irlandés

J

Jabugo ham (top quality Iberian ham): Jamón de Jabugo

Japanese fondue (shabu-shabu): Fondue japonesa (shabu-shabu)

Jaw (jawbone, cheek): Quijada (carrillera)

Jerky: Tasajo (cecina, charqui, carne seca)

Jugged hare: Civet de liebre

Jugged venison: Civet de ciervo

Jugged wild boar: Civet de jabalí

Jus (meat juice): Jugo de carne

K

Kangaroo: Canguro

Kebab (skewer): Kebab (pincho)

Kid (young goat): Cabrito

Kid chops: Chuletas de cabrito

Kid shoulder: Paletilla de cabrito

Kidney: Riñón

Kidneys with sherry: Riñones al jerez

Knuckle (shank): Jarrete (codillo, morcillo, zancarrón)

Knuckle of lamb: Jarrete de cordero

Knuckle of pork (ham hock): Jarrete de cerdo (codillo de cerdo)

Knuckle of suckling veal: Jarrete de ternera lechal

Knuckle of veal (shin of veal): Jarrete de ternera

Kobe beef: Buey de Kobe

Kudu (koodoo): Kudú

L

Lab-grown meat: Carne de laboratorio (carne artificial)

Lacquered duck: Pato lacado

Lacquered suckling pig: Cochinillo lacado

Lamb: Cordero

Lamb brains: Sesos de cordero

Lamb breast: Pecho de cordero

Lamb chops: Chuletas de cordero

Lamb feet (lamb trotters): Pies de cordero (manitas de cordero)

Lamb head: Cabeza de cordero

Lamb hearts: Corazones de cordero

Lamb kidneys: Riñones de cordero

Lamb kidneys with garlic and parsley: Riñones de cordero con ajo y perejil

Lamb liver: Hígado de cordero

Lamb liver with onions: Hígado de cordero encebollado

Lamb lungs: Asadura de cordero

Lamb meat: Carne de cordero

Lamb pluck (lungs, heart, liver): Asadura de cordero (asadurilla de cordero)

Lamb ribs (lamb chops): Costillas de cordero

Lamb shank: Caña de cordero

Lamb shoulder: Paletilla de cordero

Lamb skewers: Brochetas de cordero

Lamb spleen: Bazo de cordero

Lamb sweetbreads: Mollejas de cordero (lechecillas de cordero)

Lamb tajine: Tajín de cordero

Lamb testicles (lamb fries): Criadillas de cordero

Lard: Manteca (tocino)

Larded meat: Carne mechada

Larding needle: Aguja para mechar (mechadora)

Lark: Alondra

Larva (worm): Larva

Lean: Magro/a

Lean bacon: Tocino magro

Lean meat: Carne magra (carne baja en grasa)

Lean part of meat: Molla (parte magra de la carne)

Lean pork: Magro de cerdo

Leathery meat: Carne dura (suela de zapato)

Leg (drumstick): Muslo (muslito, jamoncito)

Leg (haunch): Pata (pierna)

Leg of kid: Pierna de cabrito

Leg of lamb: Pierna de cordero

Leg of pork: Pierna de cerdo

Leg of veal: Pierna de ternera

Leveret (young hare): Lebrato (liebre joven)

Liver: Hígado

Liver and onions: Hígado encebollado

Liver dumplings: Albondiguillas de hígado

Livers: Higadillos (higaditos)

Livestock: Ganado

Livestock farming (cattle raising): Ganadería

Local cured ham (farmer's ham): Jamón del país

Locust: Langosta (insecto)

Loin: Lomo

Loin of lamb: Lomo de cordero

Loin of pork preserved in olive oil: Lomo de orza

Lorne sausage (square sausage): Salchicha Lorne (salchicha cuadrada)

Lunch box: Fiambrera

Lung (offal): Pulmón (asadura)

M

Magret of duck (duck breast): Magret de pato (pechuga de pato)

Magret of duck in orange sauce: Magret de pato a la naranja

Magret of duck with sweet-and-sour sauce: Magret de pato con salsa agridulce

Majorcan pork sausage paste: Sobrasada

Mallard: Azulón (ánade real)

Mammal: Mamífero

Marbled meat: Carne veteada (marmoleo)

Marbling (marbled meat): Marmoleado de la carne (veteado, carne veteada)

Marinated meat: Carne marinada (carne adobada)

Marinated partridges: Perdices escabechadas

Marinated pigeon: Pichón escabechado

Marinated quails: Codornices escabechadas

Marinated rabbit: Conejo marinado

Marrow: Tuétano

Master ham slicer (master ham carver): Maestro cortador de jamón

Matambre (flank steak): Matambre (corte vacuno)

Mealworms: Gusanos de la harina (tenebrios)

Meat: Carne

Meat analogue (meat substitute): Sucedáneo de carne (sustituto de la carne)

Meat boner: Deshuesador/a

Meat cannelloni: Canelones de carne

Meat course fork: Tenedor para carne

Meat course knife: Cuchillo para la carne

Meat cuts: Cortes de carne

Meat cutter: Despiezador/a

Meat dish: Plato de carne

Meat-eater (carnivore): Consumidor/a de carne (carnívoro/a)

Meat extract: Extracto de carne

Meat firmness: Firmeza de la carne

Meat Free Monday (Meatless Monday): Lunes sin carne (Meatless Monday)

Meat house (smokehouse): Ahumadero

Meat hooks: Ganchos para carne

Meat in sauce: Carne en salsa

Meat industry: Industria cárnica

Meat juice (jus, gravy): Jugo de carne

Meat lasagna: Lasaña de carne

Meat mallet (meat tenderiser, meat pounder): Mazo de carne

Meat mincer: Picadora de carne (molinillo de carne)

Meat needle: Aguja para carne

Meat on a hot stone: Carne a la piedra

Meat on the bone (bone-in meat): Carne con hueso

Meat packer: Envasadora de carne

Meat pie: Empanada de carne

Meat pounder (meat tenderiser): Ablandador (mazo de carne, espalmador)

Meat products: Productos cárnicos

Meat ravioli: Raviolis de carne

Meat roll (roulade): Arrollado (carne arrollada, roulade)

Meat slicer: Rebanadora de carne (cortafiambres)

Meat substitute: Sustituto de la carne

Meat tenderiser: Ablandador de carne

Meat tenderiser powder: Ablandador de carne en polvo

Meat tenderiser needle: Aguja tenderizadora de carne

Meat tenderness: Ternura de la carne

Meat thermometer: Termómetro de carne

Meat tongs: Pinzas para carne

Meat with mushrooms: Carne con setas

Meatball (dumpling, ball): Albóndiga

Meatballs with mixed vegetables: Albóndigas a la jardinera

Meatballs with sauce: Albóndigas con salsa

Meatless: Sin carne

Meatless day: Día de vigilia

Meatless meal: Comida sin carne

Meatless Monday (Meat-Free-Monday): Lunes sin carne

Meatloaf: Asado de carne picada (pastel de carne, rollo de carne)

Meatpacking: Envasado de productos cárnicos

Meat-stuffed potatoes: Patatas rellenas de carne

Meaty: Carnoso/a

Meaty ribs: Costillas carnosas

Medallion: Medallón

Medium rare: Al punto (en su punto)

Medium rare steak: Filete hecho en su punto

Mesentery (crépine, fat netting): Redaño (crepineta, manto, mantellina)

Mi-cuit (semi-cooked): Micuit (mi-cuit, semicocido)

Mi-cuit foie gras: Foie micuit

Milanese calf's liver: Hígado de ternera a la milanesa

Milanese escalope: Escalope a la milanesa

Milanese kid: Cabrito a la milanesa

Milanese veal chop: Chuleta de ternera a la milanesa

Milk cow (dairy cow): Vaca lechera

Milk-fed lamb: Lechazo

Milk-fed lamb sweetbreads: Mollejas de lechazo

Mince (minced meat, mincemeat, ground meat): Carne picada (picadillo de carne)

Minced steak: Bistec de carne picada

Mincer: Picadora

Minute steak: Bistec delgado hecho vuelta y vuelta

Mixed boiled meat: Carne del cocido

Mixed grilled meat: Parrillada de carne

Mole stew (meat stew with mole sauce): Mole (guiso de carne con salsa mole)

Molecular burger: Hamburgesa molecular

Moorish kebab (spiced meat on skewer): Pincho moruno (brocheta de carne adobada)

Moose (elk): Alce (ante)

Mortadella (bologna sausage): Mortadela (salchichón de Bolonia)

Moussaka (aubergines with minced meat): Musaca (berenjenas con carne picada)

Muscle: Músculo

Muscovy duck (Barbary duck): Pato criollo (pato real)

Mutton: Carnero

Mutton ham: Jamón de carnero

Muscovy duck (Barbary duck): Pato criollo (pato real)

Mutton: Carnero

Mutton ham: Jamón de carnero

N

Navarin (lamb or mutton stew with baby greens): Navarín (estofado de cordero o carnero con verduritas)

Nduja (spicy, spreadable Italian pork sausage): Nduja (embutido italiano parecido a la sobrasada)

Neck: Cuello

Neck meat: Carne del cuello

Nugget: Nugget (núget, trocito, bocadito)

O

Offal: Asadura (vísceras, despojos)

Olive mortadella: Mortadela de olivas

Omnivorous: Omnívoro/a

Omnivorous diet: Dieta omnívora

On a hot stone: A la piedra (a la losa)

Onglet (hanger steak): Onglet (entrécula, arrachera, entraña)

Onioned blood: Sangre encebollada

Orca (killer whale): Orca

Organic lamb: Cordero ecológico

Organic veal: Ternera ecológica

Ossobuco (veal shin, section of veal knuckle): Ossobuco (rodaja de jarrete de ternera)

Ostrich: Avestruz

Ostrich fillet: Filete de avestruz

Ostrich steak: Bistec de avestruz

Ostrich tenderloin: Solomillo de avestruz

Oven-roasted chicken: Pollo al horno

Oven-roasted kid: Cabrito al horno

Oven-roasted lamb: Cordero al horno

Oven-roasted lamb shoulder: Paletilla de cordero al horno

Oven-roasted leg of kid: Pierna de cabrito al horno

Oven-roasted pork: Cerdo al horno

Oven-roasted pork chop: Chuleta de cerdo al horno

Oven-roasted rack of lamb: Carré de cordero al horno

Oven-roasted suckling pig: Cochinillo al horno

Overdone (well done, overcooked): Pasado/a (muy hecho/a)

Ox: Buey

Ox tongue: Lengua de buey

Oxtail: Rabo de buey

Oxtail stew: Rabo de buey estofado

Oxtail with red wine: Rabo de buey al vino tinto

P

Paillard (very thin slice of meat): Pallarda (paillard/e, filete muy delgado de carne)

Pancetta (salt-cured pork belly): Pancetta (panza de cerdo en salazón)

Parma ham: Jamón de Parma

Partridge: Perdiz

Partridge pâté: Paté de perdiz

Partridges in vinaigrette: Perdices a la vinagreta

Pastrami (seasoned cured beef): Pastrami (pastrón, carne de vaca sazonada y ahumada)

Pastrami sandwich: Sándwich de pastrami

Pasture: Pastura (pasto)

Pâté: Paté

Patty (burger): Medallón de carne picada (hamburguesa plana)

Peacock: Pavo real

Peewit (lapwing): Avefría

Peking duck: Pato al estilo pekinés

Pepper steak: Bistec a la pimienta

Pepperoni (spicy sausage): Pepperoni (salchichón a la pimienta)

Pheasant: Faisán

Pheasant pâté: Paté de faisán

Picanha steak (top sirloin cap): Picaña (tapilla)

Pierrade (meat on a heated stone): Pierrade (carne a la piedra)

Pig (pork): Cerdo

Pig breed: Raza porcina

Pig breeding: Crianza de cerdos

Pig testicles: Criadillas de cerdo

Pigeon: Paloma (pichón)

Pigeon casserole: Pichón a la cazuela

Pigeon loft (dovecote): Palomar

Pig-killing (pig slaughter): Matanza del cerdo

Pig-killing meat: Carne de matanza

Piglet (suckling pig): Cochinillo (lechón, gorrín)

Pig's snout: Careta de cerdo

Pig's trotters: Pies de cerdo (manitas de cerdo)

Pig's trotters with mushrooms: Pies de cerdo con setas

Pig's trotters with prawns: Pies de cerdo con gambas

Plucked: Desplumado/a

Plumage (feathering): Plumaje

Pollotarian diet: Dieta pollotariana

Pollotarianism: Pollotarianismo

Polpettone (Italian meatloaf): Polpettone (rollo de carne relleno al horno)

Porciculture (pig breeding): Porcicultura (crianza de cerdos)

Pork (pig): Cerdo

Pork belly: Vientre de cerdo (panza de cerdo)

Pork butcher's shop: Chacinería (tienda en que se vende chacina)

Pork cheek: Carrillera de cerdo (quijada de cerdo)

Pork chop (pork cutlet): Chuleta de cerdo

Pork collar: Carne del cuello (cabeza de lomo)

Pork dewlap: Papada de cerdo

Pork ear: Oreja de cerdo

Pork escalope: Escalope de lomo de cerdo

Pork fillet: Filete de cerdo

Pork fillet with mushrooms: Filete de cerdo con setas

Pork head: Cabeza de cerdo

Pork in sweet-and-sour sauce: Cerdo agridulce

Pork kidneys: Riñones de cerdo

Pork lard: Manteca de cerdo (lardo, tocino)

Pork liver: Hígado de cerdo

Pork liver pâté: Paté de hígado de cerdo

Pork liver with garlic and parsley: Hígado de cerdo con ajo y perejil

Pork loin: Lomo de cerdo

Pork loin fillets: Filetes de lomo de cerdo

Pork loin filets in orange sauce: Filetes de lomo de cerdo a la naranja

Pork meat: Carne de cerdo

Pork medallions: Medallones de cerdo

Pork muzzle: Morro de cerdo

Pork pie: Pastel de cerdo (empanada de carne picada de cerdo)

Pork ribs (pork chops): Costillas de cerdo

Pork rillettes: Rillettes de cerdo

Pork rinds: Cortezas de cerdo (chicharrones)

Pork roast: Asado de cerdo

Pork shoulder: Paleta de cerdo

Pork skewers: Brochetas de cerdo

Pork tail (pig tail): Rabo de cerdo

Pork tenderloin: Solomillo de cerdo

Pork tripe: Callos de cerdo

Portable barbecue grill: Barbacoa portátil

Porterhouse steak: Filete Porterhouse (chuletón)

Pot (cooking pot): Olla

Potted goose: Oca confitada

Potted meat: Carne en conserva

Poulard: Pularda

Poulterer: Pollero/a (vendedor/a de pollos)

Poulterer's shop (chicken shop): Pollería

Poultry: Aves (volatería)

Poultry farm: Granja avícola (explotación avícola)

Poultry farming: Avicultura (cría de aves)

Poultry needle (trussing needle): Aguja para aves

Poultry shears: Tijeras para cortar el pollo

Pressed ham: Jamón planchado

Prime rib (standing rib roast): Prime rib (filete de costilla de primera calidad)

Processed meat: Carne procesada

Protein: Proteína

Provençale frog's legs: Ancas de rana a la provenzal

Pulled pork: Cerdo desmechado

Purebred: Raza pura

Q

Quail: Codorniz

Quail breasts: Pechugas de codorniz

Quail legs: Muslitos de codorniz

Quails "Suvorov" (stuffed with foie gras and truffles): Codornices "Suvarov" (rellenas de foie gras y trufas)

Quails in casserole: Codornices a la cazuela

Quarter of chicken: Cuarto de pollo

Quarter of suckling lamb: Cuarto de cordero lechal

R

Rabbit: Conejo

Rabbit in hunter's style: Conejo a la cazadora

Rabbit stew: Guiso de conejo

Rabbit with aïole sauce: Conejo con alioli

Rabbit with mushrooms: Conejo con setas

Râble (saddle of rabbit or hare): Râble (lomo de conejo o liebre)

Rack (carré): Costillar (carré)

Rack of baby lamb: Costillar de cordero lechal

Rack of kid: Costillar de cabrito

Rack of lamb (carré d'agneau): Costillar de cordero (carré de Cordero)

Rack of pork: Costillar de cerdo

Rack of veal: Costillar de ternera

Rack of wild boar: Costillar de jabalí

Rancher (farmer, stockbreeder): Ganadero/a

Rare: Poco hecho (vuelta y vuelta)

Rare steak: Filete poco hecho

Rasher (bacon slice): Torrezno

Raw ham (cured ham, prosciutto): Jamón crudo (jamón curado)

Raw meat: Carne cruda

Raw steak: Filete crudo

Red meat: Carne roja

Red-legged partridge: Perdiz roja

Reindeer: Reno

Rhea: Ñandú

Rib roast (standing rib roast): Costillar para asar

Rib steak (T-bone steak, porterhouse steak): Chuletón

Ribeye (rib-eye, fore rib): Lomo alto

Rib-eye steaks: Bife ancho

Ribs (riblets): Costillitas

Rice black puddling: Morcilla de arroz

Rillettes (potted meat): Rillettes (paté de pobre)

Ringdove (wood-pigeon): Paloma torcaz

Roast: Asado

Roast beef: Rosbif (roast-beef, asado de buey)

Roast beef in gravy: Rosbif en su salsa

Roast capon: Capón asado

Roast chicken: Pollo asado

Roast duck: Pato asado

Roast free-range chicken: Pollo de corral asado

Roast goose: Oca asada

Roast guinea fowl: Pintada asada

Roast kid: Cabrito asado

Roast leg of veal: Pierna de ternera asada

Roast meat: Carne asada

Roast pheasant: Faisán asado

Roast pork: Cerdo asado

Roast pork roll: Rollito de cerdo asado

Roast stuffed squab: Pichón relleno asado

Roast suckling lamb: Cordero lechal asado

Roast suckling pig: Tostón (cochinillo asado)

Roast teal: Cerceta asada

Roast turkey: Pavo asado

Roast veal: Ternera asada

Roast woodcock: Becada asada

Roaster (pan for roasting): Bandeja para asar

Roasting spit: Ensartador

Rock partridge: Bartavela (perdiz griega)

Roe deer (venison): Corzo

Rolled stuffed matambre (flank steak): Matambre arrollado

Rump: Cuarto trasero (cadera, rabadilla)

S

Saddle: Silla (lomo/cuarto trasero)

Saddle of hare: Lomo de liebre

Saddle of lamb: Silla de cordero

Saddle of rabbit: Lomo de conejo

Saddle of veal: Silla de ternera

Saddle of venison: Lomo de corzo

Salami (cured sausage): Salami (salame, salchichón)

Salisbury steak: Filete ruso

Salmis (poultry or game stew): Salmis (guiso de aves o caza)

Salt-coated pork loin: Lomo de cerdo a la sal

Salted knuckle of pork with sauerkraut: Codillo con chucruta

Salted tongue: Lengua salada

Sarmale (Romanian meat rolls): Sarmale (rollitos de carne rumanos)

Saucisson (spicy sausage, dry cured sausage): Salchichón (longaniza)

Sauerbraten (pot-roasted marinated beef): Sauerbraten (asado de carne marinada)

Sausage (banger): Salchicha

Sausage casing (sausage skin): Tripa para embutido (piel de embutido)

Sausages (cured meats, charcuterie): Embutidos

Scaloppine (scallopini): Escalopines

Scavenger (scavenging, carrion eating): Carroñero/a

Schmaltz (rendered chicken or goose fat): Schmaltz (grasa procesada de pollo o ganso)

Scorpion: Escorpión

Scrag (neck meat): Pescuezo (carne del cuello)

Sealed (seared): Sellado/a (marcado/a)

Seasoned meat (cured meat, cold meats): Carne sazonada (chacina, cecina)

Semi-vegetarianism (pescetarianism): Semivegetarianismo (pescatarianismo, pollotarianismo)

Serrano ham (cured ham, Spanish ham): Jamón serrano

Shank: Morcillo (zancarrón, jarrete)

Shabu-shabu (Japanese fondue): Shabu-shabu (fondue japonesa)

Shashlik (meat skewer): Shashlik (brocheta de carne)

Shawarma (döner kebab): Shawarma (kebab)

Shepherd's pie (cottage pie): Pastel de pastor (pastel de carne picada y puré de patatas)

Short ribs: Costillas (tira de costilla, tira de asado)

Shoulder: Espalda (paleta, paletilla)

Shoulder of kid: Paletilla de cabrito

Shoulder of pork (ham hock): Lacón (brazuelo del cerdo)

Silkworms: Gusanos de seda

Silverside (knuckle): Culata de contra (jarrete)

Sirloin: Lomo bajo (solomillo)

Skewer (brochette): Pincho (brocheta, espetón)

Skewered: Ensartado/a

Skillet (frying pan, frypan): Sartén

Skillet chicken: Pollo a la sartén

Skinner: Desollador/a

Skinning: Desolladura

Skirt steak: Entraña (corte de carne)

Slaughterhouse (abattoir): Matadero (desolladero)

Slice: Loncha

Slice of bacon: Loncha de bacon (tira de tocino, tocineta)

Slice of ham: Loncha de jamón

Sliced: Loncheado/a (cortado/a)

Sliced sausage: Salchicha cortada

Slicing machine (slicer): Cortafiambres (cortadora de fiambres)

Small chicken (poussin): Picantón (pollo enano)

Small chicken with baby onions: Picantón con cebollitas

Small chorizo sausages: Choricitos

Small game: Caza menor

Small snails: Caracolillos

Smashed burger: Hamburguesa aplastada

Smoked bacon: Tocino ahumado (bacon ahumado)

Smoked ham: Jamón ahumado

Smoked meat: Carne ahumada

Smoked pastrami: Pastrami ahumado

Smoked pork: Cerdo ahumado

Smokehouse (meat house): Ahumadero

Snail: Caracol

Snail fork (fourchette à escargot): Tenedor para caracoles

Snail storage basket: Caracolera

Snail tongs (pince à escargot): Pinzas para caracoles

Snails with sauce: Caracoles con salsa

Snake: Serpiente

Snipe: Agachadiza

Snout (muzzle): Morro

Sobrasada (Majorcan pork sausage paste): Sobrasada

Softened: Ablandado/a

Soggy meat (leathery meat): Carne correosa

Soy meat (textured soy protein, textured vegetable protein, TVP): Carne de soja (proteína de soja, proteína vegetal texturizada, PVT)

SPAM (hormel spiced ham): Jamonilla (SPAM)

Spareribs (spare ribs, side ribs): Spareribs (costillas con poca carne)

Spider: Araña

Spiedie (marinated meat sandwich): Spiedie (sándwich de carne marinada)

Spit (spike for roasting): Asador (espetón, espeto, pincho)

Spit-roasted chicken: Pollo al asador

Spit-roasted kid: Cabrito al asador

Spleen: Bazo

Splinter: Astilla

Spring chicken: Pollo tomatero (pollo de cría, pollo parrillero)

Squab (pigeon): Pichón

Squab in two cookings: Pichón en dos cocciones

Squab salmis: Salmis de pichón

Square sausage: Salchicha cuadrada

Steak (beefsteak): Bistec (bisté)

Steak and kidney pudding: Budín de bistec y riñones

Steak fork (meat course fork): Tenedor para carne

Steak tartare (tartar steak): Steak tartar (bistec a la tártara)

Steak knife (meat course knife): Cuchillo para la carne

Steak with French fries: Bistec con patatas fritas

Steak with fried egg: Bistec a caballo (con huevo frito)

Steak with garnish: Bistec con guarnición

Steakhouse (chophouse): Asador (churrasquería, grill)

Stewed bull tail: Rabo de toro estofado

Stewed chicken: Pollo guisado

Stewed partridge: Perdiz guisada

Stewed rabbit: Conejo guisado

Stewed veal: Ternera estofada

Stewed venison: Ciervo estofado

Stockbreeding: Cría de ganado

Stomach: Estómago

Stone slab: Losa de piedra

Streaky: Entreverado/a (veteado/a)

Streaky bacon: Panceta (tocino entreverado, tocineta)

Strip loin steaks: Bife angosto

Strip of bacon (rasher of bacon): Tira de bacon (loncha de bacon)

Stuffed capon: Capón relleno

Stuffed chicken: Pollo relleno

Stuffed duck: Pato relleno

Stuffed guinea fowl: Pintada rellena

Stuffed meat: Carne rellena

Stuffed meatballs: Albóndigas rellenas

Stuffed pig's trotters: Pies de cerdo rellenos

Stuffed poulard: Pularda rellena

Stuffed quails: Codornices rellenas

Stuffed turkey: Pavo relleno

Subbreed: Subraza

Suckling kid: Cabrito lechal

Suckling kid shoulder: Paletilla de cabrito lechal

Suckling lamb (baby lamb): Cordero lechal (lechazo)

Suckling lamb meat: Carne de lechal

Suckling lamb shoulder: Paletilla de cordero lechal

Suckling pig: Lechón

Suckling veal: Ternera lechal

Suckling-lamb ribs: Costillitas de lechal

Suckling-veal chop: Chuleta de ternera lechal

Surf and Turf: Mar y Montaña

Swan: Cisne

Sweet sausage: Butifarra dulce

Sweetbreads: Lechecillas (mollejas)

T

Table grill: Parrilla de mesa

Tail: Rabo (cola)

Tail of rump (tri-tip, sirloin button): Colita de cuadril

Tajine (North African stew of spiced meat and vegetables): Tajín (guiso de carne y verduras del norte de África)

Tajine (tagine, earthenware cooking dish with a conical lid): Tajín (tayín, tajine, cazuela de barro con una tapa cónica)

Tarantula: Tarántula

Tartar steak: Filete tártaro (bistec tártaro, steak tartar)

T-bone: Chuletón con hueso (bife con lomo)

T-bone steak: Bife de costilla (bife T-bone)

Teal: Cerceta

Tempura-battered tarantula: Tarántula rebozada con tempura

Tender: Tierno/a

Tender meat (moist meat): Carne tierna

Tenderized (softened): Ablandado/a

Tenderloin: Solomillo

Tenderloin medallion: Medallón de solomillo

Tenderness: Ternura

Tendons: Tendones

Ternasco (Aragonese lamb): Ternasco (cordero de Aragón)

Testicles (rocky mountain oysters, prairie oysters): Criadillas

Textured vegetable protein (TVP, textured soy protein, soy meat): Proteína vegetal texturizada (PVT, proteína de soja, carne de soja)

Thick end of tenderloin: Punta de solomillo

Thigh: Contramuslo

Thin salami sausage: Fuet

Thoracic skeleton: Esqueleto torácico de aves (caparazón)

Thrush (fieldfare): Tordo

To bone (to debone): Deshuesar

To carve: Trinchar (cortar)

To carve the turkey: Trinchar el pavo

To cut up meat (to dress): Despiezar

To fatten (to fatten up): Cebar (engordar)

To make sausages: Mondongo (hacer el mondongo)

To pluck: Desplumar (quitar las plumas)

To roast (to grill): Rustir (asar)

To seal (to sear): Sellar (marcar)

To skewer (to spit): Ensartar

To skin: Desollar

To stuff: Rellenar

To stuff with minced meat: Embuchar (embutir carne picada)

To tenderize (to soften): Ablandar

To truss a chicken (to tie a chicken): Atar un pollo

Tomahawk steak: Chuletón Tomahawk

Tombik döner (shredded meat sandwich): Tombik döner (bocadillo de carne desmenuzada)

Tongue: Lengua

Tongue in aspic: Lengua en gelatina

Tongue: Lengua

Tonkatsu (breaded, deep-fried pork cutlet): Tonkatsu (chuleta de cerdo empanada y frita)

Tournedos (round cut of beef or veal tenderloin with bacon): Tournedó (turnedó, corte redondo de solomillo de buey o ternera con bacon)

Tournedos Rossini (with foie gras and truffles): Tournedó Rossini (con foie gras y trufas)

Trichinosis (food poisoning from raw meat): Triquinosis (enfermedad parasitaria por el consumo de carne cruda)

Trimmings (remaining meat cuts): Recortes (de carne)

Tripe: Callos

Tripe and offal shop: Casquería (tienda)

Tripe with chickpeas: Callos con garbanzos

Truffled turkey: Pavo trufado

Turkey: Pavo (guajolote)

Turkey blanquette: Blanqueta de pavo

Turkey breast: Pechuga de pavo

Turkey cold cut: Fiambre de pavo

Turkey fillets: Filetes de pavo

Turkey galantine: Galantina de pavo

Turkey leg: Muslo de pavo

Turkey leg with raisins and pine nuts: Muslo de pavo con pasas y piñones

Turnspit: Rueda de asador

Turtle: Tortuga

Turtledove: Tórtola

Types of cuts: Tipos de cortes

V

Veal: Ternera

Veal belly: Vientre de ternera

Veal blanquette: Blanqueta de ternera

Veal breast: Pecho de ternera

Veal brisket: Falda de ternera

Veal carpaccio: Carpaccio de ternera

Veal carpaccio with Parmesan: Carpaccio de ternera con parmesano

Veal cheek   : Carrillera de ternera

Veal chop (veal cutlet): Chuleta de ternera

Veal cuts: Cortes de ternera

Veal en brochette: Brochetas de ternera

Veal entrecote steak: Entrecot de ternera

Veal escalope: Escalope de ternera

Veal feet (veal trotters): Pies de ternera (manitas de ternera)

Veal fillet: Filete de ternera

Veal fricandeau: Fricandó de ternera

Veal liver: Hígado de ternera

Veal meat: Carne de ternera

Veal medallions: Medallones de ternera

Veal nut (loin of veal, kernel of veal): Nuez de ternera (tapa de ternera)

Veal picanha: Picaña de ternera

Veal rib steak: Chuletón de ternera

Veal shank: Morcillo de ternera

Veal shin: Jarrete de ternera

Veal steak: Bistec de ternera

Veal stew: Estofado de ternera

Veal tail: Rabo de ternera

Veal tartare: Tártaro de ternera

Veal tenderloin: Solomillo de ternera

Veal testicles: Criadillas de ternera

Veal tournedos: Tournedó de ternera

Veal trimmings: Recortes de ternera

Veal tripe: Callos de ternera

Veal with mushrooms: Ternera con setas

Vegetarian meat: Carne vegetal

Vegetarian mince: Carne picada vegetal

Vegetarian sausage: Salchicha vegetariana

Venetian-style liver: Hígado a la veneciana

Venison (meat of a deer): Venado (carne de ciervos, renos o alces)

Venison leg (venison haunch): Pierna de venado

Venison meat: Carne de venado

Vitello tonnato (veal with tuna sauce): Vitello tonnato (ternera con salsa de atún)

W

Wagyu (Japanese beef cattle breed): Wagyu (raza bovina japonesa)

Wagyu breed: Raza wagyu

Waterhen (common moorhen): Polla de agua (gallineta común)

Well done (overdone, overcooked): Pasado/a (muy hecho/a)

Well done steak: Filete muy hecho

Wet aged beef: Maduración en húmedo (carne de vacuno)

White meat (light meat): Carne blanca

White pork sausage: Butifarra blanca

White veal: Ternera blanca

Whole chicken: Pollo entero

Whole lamb: Cordero entero

Whole leg: Pierna entera

Whole quail: Codorniz entera

Whole suckling pig: Cochinillo entero

Whole turkey: Pavo entero

Wiener schnitzel (breaded veal escalope): Milanesa (escalope de ternera empanado)

Wild "green-collared" mallard duck: Pato silvestre del "cuello verde"

Wild boar: Jabalí

Wild boar chops: Chuletas de jabalí

Wild boar pâté: Paté de jabalí

Wild duck (mallard): Pato silvestre (pato salvaje)

Wild duck with oranges: Pato silvestre con naranjas

Wild goose: Ganso salvaje

Wild rabbit: Conejo de bosque (conejo de monte, conejo silvestre)

Wild turkey: Pavo salvaje

Wing (winglet): Ala (alón, alita)

Wishbone: Hueso de la pechuga

Woodcock: Becada (chocha, chochaperdiz, pitorra)

Woodcock flambé: Becada flameada

Wood-pigeon (ringdove): Paloma torcaz

Worm: Gusano

Y

Yak (Asian bovid): Yak (bóvido asiático)

Yakiniku (grilled meat): Yakiniku (carne a la parrilla)

Yakitori (Japanese chicken skewer): Yakitori (brocheta de pollo japonesa)

Yearling: Añal (animal de un año)

Yearling calf: Añojo

York ham (cooked ham): Jamón de York (jamón dulce)

Young bull: Novillo

Young chicken (poussin, broiler): Pollito (polluelo)

Young duck (duckling): Pato joven

Young goat (kid): Chivo/a

Young hare (leveret): Liebre joven (lebrato)

Young pigeon (squab): Pichoncillo (palomino)

Young rabbit: Gazapo

Young turkey: Pavipollo (pollo del pavo)

Young wild boar: Jabato

Z

Zoology: Zoología